Eine Bildreise

Helmut Herles / Urs Kluyver / Ellert & Richter Verlag

Schönes Bonn

Beautiful Bonn / Bonn, la Belle

Helmut Herles, geb. 1940 in Komotau in Böhmen, wuchs auf in Thüringen und studierte in Frankfurt a. M., Bonn und Wien. Nach seiner Promotion zum Dr. phil. 1969 arbeitete er für verschiedene Zeitungen und war 15 Jahre Korrespondent der „Frankfurter Allgemeinen Zeitung". Seit 1991 ist er Chefredakteur des Bonner „General-Anzeigers". H. Herles veröffentlichte zahlreiche Bücher, darunter „Deutschland – ein Bundesstaat" im Ellert & Richter Verlag (1993), und ist Lehrbeauftragter des Politischen Seminars der Universität Bonn.

Urs Kluyver, geb. 1943 in Rotterdam, studierte an der Folkwangschule in Essen bei Professor Otto Steinert. Er lebt seit 1969 in Hamburg und arbeitet als freier Fotojournalist für verschiedene deutsche und internationale Magazine. Er ist Mitglied der Focus-Bildagentur. Im Ellert & Richter Verlag erschienen die Bände „Harvestehude und Eppendorf", „Das Alstertal" und „Die Walddörfer" sowie die Bildreisen „Schönes Hamburg" und „Schönes Köln".

Helmut Herles, born in Comotau in Bohemia (now Chomutov in the Czech Republic) in 1940, grew up in Thuringia and studied in Frankfurt am Main, Bonn and Vienna. After taking his PhD in 1969 he worked for a number of newpapers, including 15 years as a correspondent for the "Frankfurter Allgemeine Zeitung". He has been editor-in-chief of the Bonn "General-Anzeiger" since 1991. Herles has written and edited numerous books, including "Deutschland – ein Bundesstaat" (Germany, a federal State), published by Ellert & Richter Verlag in 1993, and lectures at Bonn University department of political science.

Urs Kluyver, born in Rotterdam in 1943, studied at the Folkwangschule in Essen under Professor Otto Steinert. He has lived in Hamburg since 1969 and works as a freelance photographer for a variety of German and international magazines. He is a member of the Focus photo agency. Work of his published by Ellert & Richter Verlag has included "Harvestehude und Eppendorf", "Die Walddörfer", "Das Alstertal" and the pictorial journeys "Schönes Hamburg" (Beautiful Hamburg) and "Schönes Köln" (Beautiful Cologne).

Helmut Herles est né en 1940 à Komotau en Bohême (aujourd'hui Chomutov en République tchèque), a grandi en Thuringe et a fait ses études à Francfort-sur-le-Main, Bonn et Vienne. Après l'obtention de son doctorat de philosophie en 1969, il travailla pour différents journaux et fut pendant quinze ans correspondant du journal «Frankfurter Allgemeine Zeitung». Il est depuis 1991 rédacteur en chef du «General-Anzeiger» de Bonn. H. Herles a publié de nombreux livres, dont «Deutschland – ein Bundesstaat» (L'Allemagne – un état fédéral) paru aux éditions Ellert & Richter et est chargé de cours à l'institut de sciences politiques de l'université de Bonn.

Urs Kluyver est né en 1943 à Rotterdam et a fait ses études à la Folkwangschule à Essen auprès du Professeur Otto Steinert. Il vit depuis 1969 à Hambourg et travaille comme photographe free-lance pour différents magazines allemands et internationaux. Il est membre de l'Agence Focus. Ses livres «Harvestehude und Eppendorf», «Das Alstertal» et «Die Walddörfer» ainsi que les voyages illustrés «Schönes Hamburg» (Hambourg, la Belle) et «Schönes Köln» (Cologne, la Belle) sont parus aux éditions Ellert & Richter.

Bildnachweis/Photo credits/Index des photographies:
Fotos: Urs Kluyver, Hamburg
außer:
Archiv für Kunst und Geschichte, Berlin: S. 7, 10/11, 18, 19, 42, 43 li., 43 re., 48, 49 li., 51 li., 52/53, 78/79, 80/81
Bildarchiv Preußischer Kulturbesitz, Berlin: S. 8 li., 8/9, 51 re., 58
Presse- und Informationsamt der Bundesregierung, Bundesbildstelle, Bonn: S. 9 re., 28 o., 43 m., 59 re., 92 (Fotograf: Reineke)
Deutscher Bundestag, Pressezentrum, Bonn, S. 93
Stadtarchiv und Stadthistorische Bibliothek: S. 59 li.
Karte/Map/Carte géographique: ADAC-Verlag, München

Titel/Cover/Titre:
Bonner Rathaus
Bonn town hall
Hôtel de ville à Bonn

Die Deutsche Bibliothek – CIP-Einheitsaufnahme
Schönes Bonn = Beautiful Bonn / Helmut Herles; Urs Kluyver. – Hamburg: Ellert und Richter, 1998
(Eine Bildreise)
ISBN 3-89234-541-4

Text und Bildlegenden/Text and captions/Text et légendes: Helmut Herles, Bonn
Übertragung ins Englische/English translation/Traduction anglaise: Paul Bewicke, Hamburg
Übertragung ins Französische/French translation/Traduction française: Patricia Hiéramente, Hamburg
Lektorat/Editor/Lectorat: Daniel Tilgner, Hamburg
Bildredaktion/Picture Editor/Service Photo:
Kathrin I. Müller, Hamburg
Gestaltung/Design/Manquette:
Büro Hartmut Brückner, Bremen
Satz/Typesetting/Composition:
KCS GmbH, Buchholz bei Hamburg
Lithographie/Lithography/Lithographie:
Offset-Repro im Centrum, Hamburg
Druck/Printers/Impression:
PPK, Partner für Print + Kommunikation, Bielefeld
Bindung/Binding/Reliure: S. R. Büge, Celle

Inhalt/Contents/Sommaire

Bonn war, ist und bleibt eine besondere Stadt und wird auch künftig nicht irgendeine „kleine Stadt in Deutschland" werden. Abgesehen davon, daß es mit seinen über 300 000 Einwohnern ohnehin eine Großstadt ist. Hört man oder liest man „Bonn", ist nicht immer sofort klar, welches Bonn gemeint ist. Ist es die alte Rheinstadt mit römischen Wurzeln, von der ersten Schiffsbrücke zwischen „Bonna" und „Gesonia" über den Feldherrn Drusus bis zu den Märtyrern Cassius und Florentius, oder ist es die vermeintlich berühmtere, die politische, die auf ihre gute, 1949 beginnende Geschichte als Bundeshauptstadt zurückblicken kann, als Ort der Verankerung des Grundgesetzes und der parlamentarischen Demokratie in Deutschland?

Bonn ist wie London, Paris, Madrid, Budapest und Wien aus einem römischen Castrum hervorgegangen. „In der urbanistischen Genealogie Europas ist so etwas gleichbedeutend mit Uradel" (Götz Fehr). Am Himmelfahrtstag 1989 gratulierten andere „Zweitausender", also Städte, die in den vergangenen Jahren ebenfalls das 2000. Jahr ihrer Gründung begangen hatten: Andernach, Augsburg, Bregenz, Chur, Neuss, Straßburg, Tongeren, Trier, Xanten und Zürich.

Bonn war und ist nicht mit den anderen deutschen Hauptstädten wie Berlin, Frankfurt am Main oder München zu vergleichen, und dennoch hat es „Hauptstadt"-Tradition. Schon früh wurde hier große Politik gemacht. Einige Beispiele: Als nach den Römern die Franken und Sachsen herrschten, legten 921 auf einem Schiff vor der damaligen Bonn-Burg der sächsische König Heinrich I. (876–936), genannt Der Vogler, und sein westfränkischer Kollege Karl der Einfältige (879–929) die Grenzen des Ost- und West-Frankenreiches fest. Im Querschiff des Münsters zeigt ein Fresko: Hier wurde Karl IV. 1346 zum deutschen König gekrönt, der Luxemburger, der Prag zur ersten festen Residenz des Reiches machte, ohne den die weitverzweigte Baumeister- und Bildhauerfamilie der Parler am Rhein, in Böhmen und in Schlesien nicht so stilbildend hätte wirken können, wie sie es vermochte.

Das mitten in der Stadt auf römischem Fundament erbaute Münster ist das Wahrzeichen Bonns.

The Münster (minster), built on Roman foundations in the centre of Bonn, is the city's hallmark.

La collégiale construite au cœur de la cité sur des fondations romaines est l'emblème de la ville de Bonn.

Also haben sich nach 1949 in Bonn als Bundeshauptstadt auch Deutsche aus Böhmen, Mähren oder Schlesien zumindest geschichtlich nicht als Fremde gefühlt. Nach den Franken begann im 12. Jahrhundert die Zeit der Kurfürsten von Köln, die zu den wichtigsten Mächten des Heiligen Römischen Reiches Deutscher Nation zählten. 1210 errichteten sie die Godesburg. Aber was wäre Bonn ohne die Bayern? 1583 sorgten sie mit der Eroberung der Godesburg dafür, daß Köln katholisch blieb und machten damit für die damaligen Verhältnisse Weltpolitik. *Cuius regio eius religio* – der Herrscher bestimmt den Glauben. Nebenbei: Auch heute sollen die Bürger den Herrschenden glauben, nicht nur in Bonn.

Der Name Bonn ist keltischen Ursprungs. Die Römer übernahmen ihn, als sie bei einem Fähr- und Fischerdorf um 50 n. Chr. an der Stelle eines ehemaligen Kastells des römischen Feldherrn Drusus ein Legionslager anlegten. Es lag in der Gegend der heutigen Römerstraße in geschützter und strategisch günstiger Position am Rheinübergang und wurde 69 n. Chr. erstmals als „castra Bonnensia" erwähnt. Der Rhein floß damals „vielarmig" durch seine Auenlandschaft. An der den Heiligen Cassius und Florentius geweihten Märtyrerkapelle außerhalb des Lagers, wo heute das Münster steht, entstand im 8. Jahrhundert die als „Villa Basilica" belegte Siedlung. Nach der fränkischen Eroberung (um 400) war auch im ehemaligen Lager ein befestigter Wohnplatz gewachsen, der aber nach dem Ansturm der Normannen im Jahre 881 verödete.

Bei der Märtyrerkirche hingegen entwickelten sich das reiche Cassiusstift und der Siedlungskern des mittelalterlichen Bonn. Im 10. Jahrhundert gelangte die Villa Basilica in den Besitz von Ezzo, dem Pfalzgrafen in Lothringen. Den Ezzonen folgten die Grafen von Sayn, bevor im 12. Jahrhundert die Kölner Erzbischöfe bis 1794 die Stadtherrschaft übernahmen.

Zwischen der spätestens zu Beginn des 12. Jahrhunderts ummauerten Villa Basilica und dem Rheinufer entstand eine bürgerliche Marktsied-

Bonn was, is and will continue to be a special town, and not just "A Small Town in Germany." With a population of over 300,000 it is, in any case, a city. When you hear or read about "Bonn" it is not always immediately clear which Bonn is meant. Is it the old Rhenish town with its Ancient Roman roots, from the first bridge across the Rhine from Bonna to Gesonia via the Roman general Drusus to the martyrs Cassius and Florentius, or the supposedly more famous political Bonn, which can look back on a fine history as Germany's federal capital since 1949 and has served as the sheet-anchor of Basic Law, the 1949 constitution, and of parliamentary democracy in Germany?

Like London, Paris, Madrid, Budapest and Vienna, Bonn began as a Roman castrum (the English suffix -chester), or military camp. "In the urbanistic genealogy of Europe," writes Götz Fehr, "that virtually makes it a member of the original aristocracy." On Ascension Day 1989, Bonn was congratulated by other towns that had recently celebrated the 2,000th anniversary of their foundation: Austrian, Belgian, French, German and Swiss towns (and cities) such as Andernach, Augsburg, Bregenz, Chur, Neuss, Strasbourg, Tongeren, Trier, Xanten and Zurich.

Bonn cannot be compared with other German capitals, such as Berlin, Frankfurt or Munich, yet it can look back on a long tradition as a "capital city" and has long been a venue of major events in world affairs. To take just a couple of examples: when – after the Romans – it was ruled by the Franks and Saxons, the Saxon King Henry the Fowler, 876–929, and King Charles the Simple of France, 879–929, met on board a ship moored off Bonn Castle to reach agreement on the frontiers of the Eastern and Western Frankish realms of the Holy Roman Empire. A fresco in the transept of Bonn Minster depicts Charles IV's coronation in Bonn in 1346 as Holy Roman Emperor. Charles IV of Luxembourg mainly held court in Prague, and had it not been for him the many members of the Parler family of architects and sculptors would not have been able to exercise the influence on style that they did on the Rhine, in Bohemia and in Silesia.

That is why, when Bonn became Germany's federal capital in 1949, Germans from Bohemia, Moravia or Silesia cannot have felt they were strangers, or certainly not historically speaking. After the Franks, from the twelfth century onwards, Bonn formed part of the lands owned by the prince-archbishops of Cologne, who were among the most powerful electoral princes in the Holy Roman Empire and in 1210 built the

Godesburg fortress. But what would Bonn have been without the Bavarians? In 1583 they took the Godesburg, thereby ensuring that Cologne remained Catholic, which in those days was very much a matter of world affairs, given the principle *cuius regio eius religio,* which meant that a ruler laid down his subjects' religious beliefs. To this day, of course, people are expected to believe what their rulers say, and not just in Bonn.

The name Bonn is Celtic in origin. The Romans took it over when, in about 50 AD, they set up a permanent camp for their legionaries near a ferry and fishing village on the site of a castle earlier built by the Roman general Drusus. The camp was near today's Römerstrasse in a protected, strategically important location near the the Rhine crossing. Its first recorded mention, in 69 AD, is as castra Bonnensia. In those days the Rhine flowed along many "arms" through a landscape of river meadows. In the eighth century a settlement known as Villa Basilica was built by the chapel dedicated to the Christian martyrs St Cassius and St Florentius, just outside the camp, on the spot where the Minster now stands. After the Frankish conquest in about 400 AD, a walled settlement took shape in the former Roman camp, but it was laid waste by the Normans in 881, after which decline set in.

Around the church dedicated to the martyrs,

Romantische Ansicht einer Ruine: Die im 13. Jahrhundert vom Kölner Erzbischof erbaute Godesburg, die nördlichste Höhenburg am Rhein, beherrscht Bad Godesberg.

Romantic view of a ruin: The Godesburg, built in the thirteenth century by the archbishop of Cologne and the northernmost hilltop fortress overlooking the Rhine, has a commanding view of Bad Godesberg.

Vue romantique d'une ruine: le Godesburg, château fort le plus septentrional de la vallée du Rhin édifié au 13ème siècle par l'archevêque de Cologne, domine Bad Godesberg.

Bonn était, est et reste une ville particulière et ne deviendra pas, même dans les temps à venir, une «petite ville» quelconque de l'Allemagne. Sans parler de ses 300.000 habitants qui, de toute façon, font d'elle une grande ville. Lorsqu'on lit ou on entend le nom «Bonn», on ne sait pas toujours de quelle Bonn il s'agit. Est-ce l'ancienne ville rhénane avec ses racines romaines, du premier pont flottant reliant «Bonna» et «Gesonia» aux martyrs Cassius et Florentius en passant par le général Drusus ou bien est-ce la ville politique présumée plus célèbre qui peut se prévaloir de son histoire de capitale fédérale qui commence en 1949 avec l'ancrage de la Loi fondamentale et de la démocratie parlementaire en Allemagne?

Bonn est née comme Londres, Paris, Madrid, Budapest et Vienne d'un castrum romain. «Cela peut être comparé dans la généalogie urbanistique de l'Europe à la haute noblesse» (Götz Fehr). En 1989, le jour de l'ascension, d'autres «bimillénaires», c. à. d. des villes qui au cours des années précédentes avaient aussi fêté le bimillénaire de leur fondation, échangèrent des congratulations: Andernach, Augsbourg, Bregenz, Coire, Neuss, Strasbourg, Tongres, Trèves, Xanten et Zurich.

Bonn ne pouvait et ne peut être comparée avec les autres métropoles allemandes telles que Berlin, Francfort-sur-le-Main ou Munich mais elle s'inscrit malgré tout dans la lignée des «capitales». Très tôt, on y fit de la grande politique. Quelques exemples: lorsque, après les Romains, les Francs et les Saxons établirent leur règne, le roi saxon Henri l'Oiseleur (876–936) et son collègue Charles le Simple (879–929), Franc de l'Ouest, installés sur un bateau ancré devant l'ancien château fort de Bonn, fixèrent les frontières du royaume franc de l'Est et de l'Ouest. Dans le transept du Münster (Collégiale), une fresque montre que c'est ici qu'en 1346 Charles IV fut couronné roi de Germanie, ce luxembourgeois qui fit de Prague la première résidence permanente de l'Empire et sans lequel les familles très ramifiées des sculpteurs et architectes des Parler du Rhin, de Bohême et de Silésie n'auraient pas pu faire œuvre originale comme elles surent le faire.

Voilà pourquoi, après 1949, lorsque Bonn devint capitale fédérale, même les Allemands venus de Bohême, de Moravie ou de Silésie ne s'y sentirent pas étrangers, tout au moins pour ce qui est de leur histoire. Après les Francs, vint au 12ème siècle le temps des princes-électeurs de Cologne qui comptaient parmi les puissances les plus importantes du Saint Empire romain germanique. En 1210 ils érigèrent le Godesburg. Mais que serait Bonn sans les Bavarois? C'est en s'emparant du Godesburg en 1583, qu'ils permirent à Cologne de rester catholique et firent ainsi ce qui était pour l'époque de la politique internationale. Cuius regio, eius religio – telle la religion du prince, telle celle du pays. Soit dit en passant: il paraît qu'aujourd'hui encore les citoyens ont la religion de ceux qui les gouvernent et pas seulement à Bonn.

Le nom «Bonn» est d'origine celte. Les Romains le reprirent lorsqu'ils installèrent, vers l'an 50 après J.-C., à proximité d'un village de pêcheurs et de passeurs, un camp de légionnaires à la place d'une ancienne citadelle du général romain Drusus. Ce camp était situé à proximité de l'actuelle Römerstraße (route des Romains) sur un site protégé et stratégiquement favorable, près du passage du Rhin. Il est mentionné pour la première fois en l'an 69 après J.-C. sous le nom de «castra Bonnensia». A cette époque, le Rhin traversait, avec ses nombreux bras ramifiés, une vallée verdoyante. C'est au 8ème siècle que se développa à l'extérieur du camp, à proximité de la chapelle des martyrs consacrée aux Saints Cassius et Florentius et à l'emplacement actuel de la Collégiale, une colonie mentionnée pour la première fois sous le nom de «Villa Basilica». Après la conquête des Francs (vers l'an 400), l'ancien camp était devenu une place fortifiée qui dépérit cependant après l'assaut des Normands en l'an 881.

C'est par contre à proximité de l'église des martyrs que se développèrent le riche monastère du Cassiusstift ainsi que le cœur de la cité médiévale de Bonn. La Villa Basilica devint au 10ème siècle propriété d'Ezzo, comte palatin de Lorraine. A la lignée du comte d'Ezzo suivirent les

Clemens August, von 1723 bis 1761 Kurfürst von Köln und Herzog von Bayern

Clemens August, elector of Cologne and duke of Bavaria from 1723 to 1761

Clemens August, prince-électeur de Cologne et comte de Bavière de 1723 à 1761

lung. Der Kölner Erzbischof Konrad von Hochstaden bestätigte 1244 Bonns Rechte und ließ die ganze Stadt ummauern. 1286 erhielt sie eine Ratsverfassung. Die Bonner Bürger strebten nach Selbständigkeit und ließen ihre Stadt 1254 am Rheinischen Städtebund und später an anderen Städtebündnissen teilnehmen. Einen anhaltenden wirtschaftlichen Aufstieg als Handelsplatz verhinderte jedoch die nahe Konkurrenz des größeren Köln. In der Zeit von 1525 bis zum Ende des Jahrhunderts waren immer mehr Verwaltungsaufgaben und 1597 schließlich die Residenz des Kurstaates der Kölner Erzbischöfe nach Bonn verlegt worden, das somit schon früh Hauptstadtfunktionen erfüllte. Letzteres, weil die Kölner Bürger ihren Erzbischof nicht gern zugleich als weltlichen Herrn in ihren Mauern sehen wollten. Im Dreißigjährigen Krieg umkämpft, wurde Bonn ab 1658 zu einer starken Festung ausgebaut, was wiederum Belagerungen und 1689 schließlich die Zerstörung der Stadt zur Folge hatte. 1715 bis 1717 wurden die Festungsanlagen geschleift.

Im 18. Jahrhundert erlebte Bonn eine Blütezeit, und der Ruhm der Kurfürsten Joseph Clemens (1689–1723) und Clemens August (1723–61) glänzt bis heute. Eine wichtige Institution in dieser Zeit war die aus dem 1673 gegründeten Jesuitengymnasium 1744 hervorgegangene Akademie. Sie wurde 1786 Universität und 1797 aufgehoben. Nach dem kurzen französischen Zwischenspiel ab 1794 wurde Bonn 1815 preußisch. Durch die Gründung der Rheinischen Friedrich-Wilhelms-Universität im Jahre 1818 erlangte die Stadt große geistige Bedeutung. Im Verlauf des 19. Jahrhunderts wuchs Bonn weiter, und der Eisenbahnanschluß 1844 leitete eine günstige Entwicklung als Industriestandort ein. 1887 wurde die Stadt eigener Kreis und 1904 durch Eingemeindung vergrößert. Nach der Auflösung Preußens 1946 lag Bonn nun in dem auf Beschluß der britischen Militärregierung gebildeten Nordrhein-Westfalen und wurde 1949 Bundeshauptstadt. Dies brachte eine Fülle neuer Funktionen für die Stadt: Sie wirkte von nun an „bundesweit“. Die Strukturen in Wirtschaft und Bevölkerung änderten sich deshalb grundlegend. Am 1. August 1969 wurde Bonn mit den Städten Bad Godesberg und Beuel sowie mehreren Gemeinden zusammengelegt.

1991 beschloß der Bundestag, in die neue Bundeshauptstadt Berlin zu ziehen. Bonn wird jedoch als „Bundesstadt“ Sitz von Ministerien bleiben und Aufgaben für Verwaltung und Politik der Bundesrepublik behalten. Es soll eine „besondere“ Stadt bleiben, keineswegs die geringste im Bund der deutschen Städte.

Um die Mitte des 18. Jahrhunderts schützten mächtige Festungsanlagen die Stadt Bonn, in der die Kölner Kurfürsten residierten. Im Hintergrund sind das Siebengebirge mit Drachenfels und Löwenburg und die Godesburg zu sehen, wie man sie in Wirklichkeit nie auf einen Blick wahrnehmen kann.

In the mid-eighteenth century massive ramparts protected Bonn, where the electoral princes of Cologne held court. In the background the Siebengebirge hills, the Drachenfels, the Löwenburg and the Godesburg can be seen arranged together from a perspective that does not exist in real life.

Vers le milieu du 18ème siècle, d'imposants remparts protégeaient la ville de Bonn dans laquelle résidaient les princes-électeurs de Cologne. A l'arrière-plan, le massif des Sept Montagnes avec le Drachenfels, le Löwenburg et le Godesburg; en réalité on ne peut jamais les voir tous en même temps.

Around the church dedicated to the martyrs, however, a rich religious establishment was founded (it too was named after Cassius), forming the nucleus of mediaeval Bonn. In the tenth century the Villa Basilica passed into the hands of Ezzo, the palatine count of Lorraine. From his family it passed to the counts of Sayn. They were followed, in the twelfth century, by the archbishops of Cologne, who ruled over the town until 1794.

A market town took shape between the Villa Basilica, which had walls built round it by the twelfth century at the latest, and the bank of the Rhine. In 1244 Archbishop Konrad von Hochstaden confirmed Bonn's civic rights and had walls built round the entire town. In 1286 a town council was constituted. The burghers of Bonn were keen to gain greater independence, and in 1254 joined the Rhenish League, an association of towns, later forming other alliances. But competition from nearby Cologne ruled out any lasting commercial advancement. Between 1525 and the end of the century more and more administrative responsibilities were transferred from Cologne to Bonn, where in 1597 the archbishops of Cologne set up in palatial residence. So Bonn saw early service as a capital city. That was partly because the people of Cologne were less than keen on seeing the archbishop as a worldly ruler in their own city. Bonn was fought over during the Thirty Years' War, and in 1658 strong fortifications were built around it. It was thereupon besieged and, in 1689, destroyed. The ramparts were demolished between 1715 and 1717.

In the eighteenth century, one of Bonn's heydays, the electoral princes Joseph Clemens, 1689–1723, and Clemens August, 1723–61, built palaces and other monuments that retain their

splendour to this day. The Jesuit college founded in 1673 became an academy in 1744 and a university in 1786. In 1797, during the French occupation, it was abolished. After the French interregnum, in 1815, it became Prussian, and with the Prussian university, the Rheinische Friedrich-Wilhelms-Universität, set up in 1818, the town soon attained great intellectual significance. Bonn continued to grow throughout the nineteenth century, and industrialisation began when it became part of the railway network in 1844. In 1887 the town became a Kreis, or administrative district, in its own right. In 1904 it was enlarged to include a number of surrounding villages. In 1946 Bonn became part of North Rhine-Westphalia, a state set up by the British military government, and in 1949 it became Germany's federal capital. That brought with it an abundance of new functions. From then on, what was decided in Bonn affected the entire country, and the city's economic and population structure changed accordingly. On 1 August 1969 Bonn was merged with the adjoining towns of Bad Godesberg and Beuel and a number of others.

In 1991 the Bundestag decided to move to the new federal capital, Berlin, but Bonn will remain the seat of ministries and retain a national administrative and political role. It will continue to be a "special" town, by no means the least among German cities.

Matthäus Merians Stadtansicht von Bonn aus dem Jahr 1646 zeigt nichts von den Zerstörungen des Dreißigjährigen Krieges.

Matthaeus Merian's 1646 view of Bonn shows nothing of the destruction wrought during the Thirty Years' War.

Cette vue sur la ville de Bonn de Matthaeus Merian de l'an 1646 ne montre rien des destructions de la guerre de Trente Ans.

comtes de Sayn, puis les archevêques de Cologne qui, du 12ème siècle jusqu'en l'an 1794, régnèrent sur la ville.

Entre la Villa Basilica dont on suppose qu'elle fut fortifiée avant le début du 12ème siècle et la rive du Rhin se développa une cité bourgeoise. En 1244, l'archevêque de Cologne, Conrad von Hochstaden, confirma Bonn dans ses droits communaux et fit construire un rempart tout autour de la ville. C'est en 1286 que celle-ci se vit conférer un système d'organisation dans lequel le conseil municipal était prédominant. Les citoyens de Bonn aspiraient à être indépendants et prirent part en 1254 à la confédération des villes du Rhin et par la suite à d'autres unions de villes. La proximité de Cologne, plus grande, empêcha cependant un développement économique durable de Bonn. Un nombre croissant de tâches administratives furent transférées à Bonn entre 1525 et la fin du siècle puis, en 1597, ce fut la résidence de la cour des archevêques de Cologne qui y fut finalement installée, Bonn remplissant ainsi déjà les premières fonctions de capitale. Ceci, parce que les citoyens de Cologne n'appréciaient pas de voir leur archevêque résider également en sa qualité de laïque dans l'enceinte de leur ville. Objet de combats pendant la guerre de Trente Ans, Bonn fut consolidée à partir de 1658 pour devenir citadelle forte ce qui, assurément, eut en contrepartie pour conséquence d'être souvent assiégée et finalement détruite en 1689. Les murs d'enceinte de la forteresse furent rasés entre 1715 et 1717.

Au 18ème siècle, Bonn acquit une grande prospérité et la gloire des Electeurs Joseph Clemens (1689–1723) et Clemens August (1723–61) rayonne jusqu'à ce jour. A cette époque, l'Académie née en 1744 du lycée des jésuites fondé en 1673 représentait une institution très importante. Elle est devenue université en l'an 1786 et fut fermée en 1797. C'est en 1815 que Bonn devint prussienne après un court intermède français à partir de 1794. La fondation de l'Université rhénane Frédéric Guillaume (Rheinische Friedrich-Wilhelms-Universität) en l'an 1818 permit à la ville de Bonn d'accroître son importance dans le domaine des lettres et des arts. Au cours du 19ème siècle, Bonn continua de s'agrandir et le raccordement à la ligne de chemin de fer en 1844 marqua le début d'un développement prometteur en tant que lieu d'implantation industriel. En 1887, la ville constituait à elle seule un district qui fut agrandi en 1904 dans le cadre d'un rattachement administratif. C'est après la dissolution de la Prusse en 1946, que Bonn devint partie intégrante de la Rhénanie-du-Nord-Westphalie, constituée sur décision du gouvernement militaire britannique, pour devenir en 1949 capitale fédérale. La ville se vit attribuer un grand nombre de nouvelles fonctions: son influence s'étendait dès lors à la totalité du territoire fédéral. Les structures de son économie et de sa population furent donc radicalement modifiées. Bonn fut rattachée, le 1er août 1969, aux villes de Bad Godesberg et de Beuel ainsi qu'à d'autres communes.

Le Bundestag décida en 1991 de déménager à Berlin, la nouvelle capitale fédérale. Bonn restera cependant en sa qualité de «ville fédérale» siège de certains ministères et gardera des fonctions dans l'administration et dans la vie politique de la République fédérale d'Allemagne. Elle doit rester une ville «particulière», en aucun cas la moindre dans la Confédération des villes allemandes.

Der karge Bauhausstil der dreißiger Jahre prägt die Architektur der damaligen Pädagogischen Akademie, des späteren Bundeshauses. In der Aula dieses Gebäudes entstand 1948/49 das Grundgesetz.

Plain 1930s Bauhaus is the style of what was then the teacher training college and later became the Bundeshaus. In 1948/49 Basic Law, the German constitution, was drawn up in the assembly hall of this building.

Le style dépouillé du Bauhaus des années 30 caractérise l'architecture de l'ancienne Académie de pédagogie qui devint par la suite Bundeshaus. C'est dans la salle des fêtes de cet édifice que fut élaborée en 1948/49 la Loi fondamentale.

Solche Ansichten und Bilder von Bonn als idyllisch am Strom gelegener Stadt mit dem Glanz einer kurfürstlichen Residenz prägen das Image bis heute mit. Der Rhein floß damals noch breiter und behäbiger durch die Flußauenlandschaft, war noch nicht in das befestigte engere Flußbett gezwängt. Statt der schweren Containerschiffe und der Ausflugsdampfer prägten Segelschiffe das Bild. Kolorierte Radierung von Johann Ziegler nach Laurenz Janscha, 1798.

Views like this, pictures of Bonn as a town idyllically located on the river with the majesty of its electoral architecture, remain a hallmark of Bonn's image. In those days the Rhine took a wider, more leisurely course past the water meadows, not yet having been forced into a canalised, narrower bed. And sailing ships predominated, not container barges and pleasure steamers. Coloured engraving by Johann Ziegler, 1798, after Laurenz Janscha.

De telles vues et photos de Bonn, ville situé dans un cadre merveilleux sur le fleuve rehaussée de la splendeur d'une résidence des princes – électeurs, caractérisent jusqu'à ce jour l'image de Bonn. Le Rhin traversait alors une vallée verdoyante, était plus large et plus majestueux, n'avait pas été encore contenu dans un lit étroit. Les bateaux à voiles faisaient partie du paysage et non pas, comme aujourd'hui, de lourds navires porte-conteneurs ou des vedettes. Gravure polychrome de Johann Ziegler d'après Laurenz Janscha, 1798.

POSEIDON
BONN - O

Bonn liegt in einer Städtelandschaft am Rhein vor dem Siebengebirge, das, von der im Norden bald beginnenden niederrheinischen Ebene her betrachtet, beinahe alpin wirkt. Der Rhein ist Schlagader für Verkehr, Handel und Kultur, für Krieg und Frieden seit der Römerzeit. Dieser Fluß ist für viele am stärksten mit Poesie, Romantik und Geschichtsbewußtsein verbunden. Im Hintergrund zeichnet sich die Silhouette der Burgruine auf dem Drachenfels ab.

Framed by the Rhine and the Siebengebirge mountains, the urban area of which Bonn forms a part looks almost alpine when viewed from the Lower Rhine plain, which begins a little further north. The Rhine has been an artery for transport, trade and culture, war and peace since Roman times. Of all rivers, it has the strongest associations with poetry, Romanticism and the historical awareness of many Germans. In the background, the ruined castle on the Drachenfels is silhouetted against the sky.

Bonn est située au cœur d'un paysage urbain sur les berges du Rhin, au pied du massif des Sept Montagnes qui, vu de la plaine du Bas-Rhin au nord toute proche, a presque un caractère alpin. Le Rhin est, depuis l'époque des Romains, une voie de communication pour le transport, le commerce et la culture, pour la guerre et la paix. Ce fleuve a des liens des plus profonds avec la poésie, le romantisme et le sens de l'histoire de beaucoup des Allemands. A l'arrière-plan se dessine sur le Drachenfels la silhouette de la ruine de l'ancien château.

Auf römischem Fundament ist das an die frühchristlichen Märtyrer Cassius, Florentius und Mallusius erinnernde Münster gebaut. Es hat seine heutige Gestalt 1138 im wesentlichen durch den Propst Gerhard von Are erhalten. Im Getriebe der Innenstadt ist hier ein Ort der Stille und Besinnung, vor allem im romanischen Kreuzgang. Vor dem Altarraum links erinnert eine Inschrift an die Krönung Karls IV., des Kaisers, der 1348 in Prag die erste Universität im Heiligen Römischen Reich Deutscher Nation gründete.

The Münster, commemorating the early Christian martyrs Cassius, Florentius and Mallusius, is built on Roman foundations. The present building dates back essentially to 1138, when it was built by the provost Gerhard von Are. Its Romanesque cloister, in particular, is a haven of quiet and contemplation amidst the hubbub of the city centre. An inscription to the left of the chancel recalls the coronation of Emperor Charles IV, founder of the Holy Roman Empire's first university in the city of Prague in 1348.

C'est sur des fondations romaines que fut érigée la collégiale en souvenir des martyrs des premiers temps du christianisme Cassius, Florentius et Mallusius. Le bâtiment actuel remonte à l'an 1138 et est dû en grande partie au prévôt Gerhard von Are. On trouve là, au milieu de l'animation du centre-ville, un endroit propice au calme et au recueillement, en particulier dans le cloître roman. Devant le sanctuaire, à gauche, une épitaphe rappelle le couronnement de Charles Quint, cet empereur qui fonda à Prague la première université du Saint Empire romain germanique.

Wenn es schon nicht wahr sein sollte, so ist es doch zutreffend erfunden: Der Weltreisende Alexander von Humboldt soll die Aussicht vom Alten Zoll, einem Teil der früheren Stadtbefestigung, auf Fluß und Gebirge als eine der sieben schönsten der Welt bezeichnet haben. Heute ist der Alte Zoll ein Ort für die rheinische Art des Lebens und Lebenlassens, ideal für eine Gartenwirtschaft, obwohl selbst hier der Streit zwischen einer deutschen Lust an Paragraphen (Sperrzeiten) und der schon von den Römern geschilderten Lust am Gelage ausgetragen wurde.

Even if the story is not true, it is certainly fitting. The globetrotter Alexander von Humboldt is said to have described the view of river and mountains from the Alter Zoll (Old Customs House), part of the former town fortifications, as one of the seven finest in the world. Nowadays the Alter Zoll is a place for the Rhenish style of live and let live, ideal for a beer garden, though even it has not been spared the argument between the German fondness for rules and regulations (on closing times) and a fondness for carousals, which even the Romans commented on all those years ago.

Même si cela n'était pas vrai, cela serait cependant une bien juste invention: le grand voyageur Alexander von Humboldt aurait qualifié le panorama dont on jouit de la Vieille Douane – une partie de l'ancien rempart de la ville – sur le fleuve et la montagne, de l'un des sept plus beaux au monde. Aujourd'hui la Vieille Douane est un lieu où l'on peut vivre et laisser vivre «à la rhénane», un endroit idéal pour un café de plein air bien que, même ici, la dispute se poursuive entre le goût prononcé des Allemands pour les règlements (heures de fermeture) et celui pour les beuveries déjà décrit par les Romains.

Nach den Kurfürsten und den Franzosen waren 1815 die Preußen gekommen. Das schien zunächst ein unglücklicher Bund zu sein, wurde aber später zur Symbiose, nicht zuletzt wegen der Neugründung der von den Franzosen aufgehobenen Universität im Jahre 1818. Sie ist nicht nur wegen ihrer berühmten Gründungsprofessoren eine der begehrten hohen Schulen in Deutschland geblieben. Ihr Ruhm gründet sich auf Gelehrte, die zugleich für die politische Geschichte – in der Revolution von 1848 –, für die Geistesgeschichte und für die Naturwissenschaften Deutschlands bedeutend waren, wie den Schriftsteller Ernst Moritz Arndt, den Historiker und liberalen Politiker Friedrich Christoph Dahlmann, den Dichter Karl Simrock, den berühmten Astronomen Friedrich Wilhelm August Argelander und den Schriftsteller und Shakespeare-Übersetzer August Wilhelm von Schlegel.

Die Universität hielt zäh an ihren Traditionen fest, hat nach wie vor Fakultäten statt Fachbereiche. Eine Besonderheit ist das Altkatholische Seminar: Die Altkatholiken erinnern daran, daß während des 1. Vatikanischen Konzils von 1870/71, welches dem Papst im Amte („ex cathedra") „Unfehlbarkeit" zusprach, die meisten katholischen Bonner Theologieprofessoren auf dem alten kirchenrechtlichen Zustand beharrten. Der Bischof der Altkatholiken sitzt in Bonn. Insofern, und durch den griechischen Metropoliten in Beuel, ist Bonn auch Bischofsstadt, während alle anderen Zentralen der Kirchen, der Gewerkschaften, der Verbände und der meisten Medien ihren Sitz außerhalb Bonns haben und hier nur Vertretungen und Lobbys unterhalten oder unterhielten.

Zurück zur Universität: Hier studieren heute knapp 40 000 Studenten gegenüber gerade 1000 im Jahre 1828. Sie stehen im Ruf, lieber studieren als demonstrieren zu wollen. Nicht nur unter den Studenten gibt es viele traditionell farbentragende Verbindungen; bei passender Gelegenheit treten auch Professoren „in couleur" auf und tragen ihre von Fakultät zu Fakultät farblich unterschiedlichen Talare.

Am „dies academicus", dem vorlesungsfreien Tag zu besonderen Anlässen, erhebt die Universität auch ganz praktisch ihren theoretischen Anspruch, „universitas" zu sein, eine Gesamtheit des Wissens zu verkörpern. Die ganze Stadt ist zu allgemeinverständlichen Vorträgen eingeladen, und für den Nachwuchs von den Schulen gibt es Studienberatungen. Manches Mal hat die Bonner Universität mit ihren Forschungsergebnissen Weltruhm geerntet. Sie ist nicht nur die Universität der Geisteswissenschaften, sondern ebenso der Naturwissenschaften und der Mathematik. Einige Beispiele nur: 1847 schufen Bonner Geodäten, tatkräftig unterstützt vom berühmten Bonner Astronomen Argelander (1799–1875), die „Basis Bonn" – einen Berechnungsfaktor für die Landvermessung, und Argelander entwickelte die „Bonner Durchmusterung" des nördlichen Himmels, einen Katalog von fast 325 000 Sternen, von 1852 bis 1859 in 40 Karten aufgezeichnet, die noch heute unentbehrlich sind.

In der chirurgischen Uniklinik Bonn wurde 1969 unter der Leitung von Alfred Gütgemann die erste menschliche Leber transplantiert. 1987 „züchteten" Forscher des Instituts für Zytologie einen rund fünfeinhalb Quadratmeter großen Riesenschleimpilz als bisher größten Einzeller. Die letzten Nobelpreisträger aus dieser Universität sind Wolfgang Paul für Physik (1989) und Reinhard Selten für Wirtschaftswissenschaften (1994).

Bonn hat die inzwischen viertgrößte Universität Nordrhein-Westfalens. Ihr Potential von fast 600 Professoren und über 2200 wissenschaftlichen Mitarbeitern war die Grundlage für die Entscheidung, die Region Bonn zu einem in Deutschland, ja vielleicht in Europa einzigartigen Wissenschaftsraum auszubauen.

Verschiedene Stiftungen und Wissenschaftszentren setzen verstärkt auf die fachübergreifende Kooperation in- und ausländischer Institute. Das Kernvorhaben ist CAESAR: eine Stiftung, die sich der interdisziplinären Grundlagenforschung an den Schnittstellen von Biologie, Physik und Informatik widmet. Auch der Bezug zur Wirtschaft ist inbegriffen, doch liegt der Schwerpunkt aller Projekte auf der Internationalisierung von Forschung und Lehre.

Bonn expandiert als Standort der Wissenschaftsorganisation und -kommunikation mit derzeit 150 Einrichtungen, allen voran das Wissenschaftszentrum des Stifterverbandes für die Deutsche Wissenschaft, das für seine erweiterten Aufgaben ausgebaut wird. An der Ahrstraße hat sich auch das Deutsche Museum Bonn eingerichtet, dessen Sammelschwerpunkt die Technikentwicklung seit 1945 ist.

Der romantische Dichter August Wilhelm von Schlegel (1760–1845)

The Romantic poet August Wilhelm von Schlegel, 1760–1845

Le poète romantique August Wilhelm von Schlegel (1760–1845)

After the electoral princes and the French, in 1815 the Prussians arrived. What seemed at first an unhappy alliance later turned into a symbiosis, not least because since the re-establishment, in 1818, of the university shut down by the French, Bonn has remained one of Germany's most sought-after academic establishments, and not just because of the famous nineteenth-century professors who founded it. It owes its reputation to scholars who were at the same time significant figures in German political history (in the 1848 revolution), intellectual history and natural sciences. They included the writer Ernst Moritz Arndt, the historian and liberal politician Friedrich Christoph Dahlmann, the poet Karl Simrock, the astronomer Friedrich Wilhelm August Argelander and the writer and translator of Shakespeare August Wilhelm von Schlegel.

The university has stuck firmly to its traditions. It still has faculties rather than schools. One peculiarity is the Old Catholic department, a reminder that during the first Vatican Council of 1870/71, which granted the Pope ex cathedra infallibility, most Roman Catholic theology professors in Bonn insisted on sticking to the old ecclesiastical law. Germany's Old Catholic episcopate is in Bonn. It and the Greek Orthodox metropolitan in Beuel make Bonn a diocesan town, whereas all the other churches, trade unions, associations and most of the media have their headquarters outside Bonn and only maintain or maintained offices or lobbies there.

Back to the university, which now has almost 40,000 students as against just 1,000 in 1828. They have a reputation for preferring to study rather than to demonstrate. There are many traditional associations with their own heraldic colours, and not just among students. On appropriate occasions even professors turn up "en couleur," wearing gowns whose colours vary from faculty to faculty.

On the dies academicus, a special day with no normal lectures, the university puts into practice its theoretical claim to being a seat of universal knowledge. The whole town is invited to attend generally intelligible talks on various subjects and there is a course advisory service for schoolchildren, the students of tomorrow. Bonn's university has on several occasions attained world fame through its research findings. It is not just a university of the humanities, but also of natural science and mathematics. To name just a few examples, in 1847 Bonn geodesists, energetically supported by the famous Bonn astronomer Argelander, 1799–1875, established the "Bonn basis," a factor for calculating land measurements, and Argelander developed the "Bonn sampling" of the sky in the northern hemisphere, a catalogue of almost 325,000 stars which were plotted between 1852 and 1859 on 40 maps which are still indispensable today. In 1969, in the surgery unit of Bonn University Hospital, the first liver transplant was performed by a team headed by Alfred Gütgemann. In 1987, research scientists at the department of cytology grew an

approximately five-and-a-half square metre giant slime fungus, at the time the biggest-ever single-cell organism. The most recent Nobel laureates from Bonn University are Wolfgang Paul, who was awarded the physics prize in 1989, and Reinhard Selten, who won the Nobel prize for economics in 1994.

Bonn is now the fourth-largest university in North Rhine-Westphalia. Its potential of almost 600 professors and more than 2,200 academic staff was the basis for the decision to develop the Bonn region into a scientific area unique in Germany, perhaps indeed in Europe.

A variety of foundations and scientific establishments are banking increasingly on interdisciplinary cooperation between German and foreign institutions. The key project is CAESAR, a foundation dedicated to interdisciplinary basic research at the interfaces of biology, physics and computer science. The link to business has not been forgotten, though the focal point of all projects is the internationalisation of research and teaching.

Bonn is expanding as a location for scientific organisation and communication. It currently has 150 establishments, headed by the scientific centre of the Stifterverband für die Deutsche Wissenschaft (Association of Donors to German Science), which is being extended to carry out a wider range of tasks. The Deutsches Museum Bonn has opened in Ahrstrasse, its collection focussing mainly on technical developments since 1945.

Der Astronom Friedrich Wilhelm August Argelander (1799–1875)

The astronomer Friedrich Wilhelm August Argelander, 1799–1875

L'astronome Friedrich Wilhelm August Argelander (1799–1875)

Les Prussiens étaient arrivés en 1815, après les princes-électeurs et les Français. De prime abord, leur union ne semblait pas très heureuse mais elle devint par la suite très étroite, en raison notamment de la réouverture, en l'an 1818, de l'université qui avait fermée par les Français. Ce n'est pas seulement à cause des célèbres professeurs qui contribuèrent à sa fondation qu'elle est restée l'une des hautes écoles les plus prisées de l'Allemagne. Elle bâtit sa renommée sur les érudits qui, non seulement dans l'histoire politique (la révolution de 1848) mais aussi dans l'histoire des idées et des sciences de l'Allemagne, jouèrent un rôle primordial, tels que l'écrivain Ernst Moritz Arndt, l'historien et homme politique libéral Friedrich Christoph Dahlmann, le poète Karl Simrock, le célèbre astronome Friedrich Wilhelm August Argelander et l'écrivain et traducteur de Shakespeare August Wilhelm von Schlegel.

L'université resta tenacement fidèle à ses traditions; elle dispose toujours de facultés et non pas d'unités de formation et de recherche. Une particularité est le séminaire vieux-catholique: les vieux-catholiques rappellent qu'au cours du premier concile du Vatican en 1870/71 qui proclama «l'infaillibilité» pontificale «ex cathedra», la plupart des professeurs de théologie catholique de Bonn insistèrent pour conserver l'ancien droit canon. L'évêque des vieux-catholiques siège à Bonn. C'est pour cela et grâce à la présence du métropolitain grec de Beuel que Bonn est aussi un archevêché alors que toutes les autres centrales des églises, des syndicats, des associations et de la plupart des médias ont leur siège en dehors de Bonn et n'y entretiennent ou n'y entretenaient que des représentations et des lobbies.

Mais revenons à l'université: aujourd'hui, près de 40 000 étudiants y font leurs études contre à peine 1000 en l'an 1828. Ils ont la réputation d'être là pour étudier et non pas pour manifester. De nombreuses corporations estudiantines y sont représentées – pas seulement parmi les étudiants – qui, selon la tradition, portent leurs couleurs; pour certaines occasions, les professeurs eux aussi se présentent «en couleur» et portent des toges qui, selon la faculté, sont de couleur différente.

Le jour du «dies academicus», cette journée au cours de laquelle les étudiants, lors d'événements particuliers, sont dispensés de cours, l'université revendique, cette fois très concrètement, son droit théorique à être «universitas», à incarner la totalité du savoir. Toute la ville est invitée à prendre part à des conférences sur des sujets accessibles à tous et une orientation professionnelle est proposée aux futurs étudiants. Les succès obtenus dans le domaine de la recherche scientifique ont contribué plus d'une fois à faire la renommée internationale de l'université de Bonn. Elle n'est pas seulement l'université des sciences humaines mais, dans une même mesure, celle des sciences naturelles et expérimentales et des mathématiques. A titre d'exemple: des géodésiens de Bonn inventèrent en 1847 avec le soutien actif du célèbre astronome bonnois Argelander (1799–1875) le «Basis Bonn», un facteur servant de base de calcul pour l'arpentage, et Argelander élabora le «Bonner Durchmusterung» du ciel nord, un catalogue de près de 325 000 étoiles qui, entre 1852 et 1859, furent inscrites sur 40 cartes qui, aujourd'hui encore, restent indispensables.

Dans le service de chirurgie du centre hospitalo-universitaire de Bonn a été effectuée en 1969, sous la direction d'Alfred Gütgemann, la première greffe de foie humain. Des chercheurs de l'Institut de cytologie ont «cultivé» en 1987 un myxomycète géant atteignant la taille de près de cinq mètres carrés et demi, le plus grand organisme unicellulaire cultivé à ce jour. Les derniers lauréats du prix Nobel de cette université sont Wolfgang Paul pour la physique (1989) et Reinhard Selten pour les sciences économiques (1994).

L'université de Bonn est maintenant, de par sa taille, la quatrième de la Rhénanie-du-Nord-Westphalie. Son potentiel de près de 600 professeurs et de plus de 2200 scientifiques fut à la base de la décision qui a été prise de faire de la région de Bonn un espace scientifique unique en son genre, le seul en Allemagne et peut-être même en Europe.

De nombreuses fondations et centres de recherche scientifique misent actuellement de plus en plus sur la coopération transdisciplinaire entre instituts allemands et étrangers. Le projet de fond est CAESAR: une fondation consacrée à la recherche fondamentale interdisciplinaire aux points de jonction de la biologie, la physique et l'informatique. Le facteur économique rentre lui aussi en ligne de compte mais l'essentiel de tous les projets porte sur l'internationalisation de la recherche et de l'enseignement.

Bonn est un centre de l'organisation et de la communication scientifique en pleine expansion et compte actuellement 150 institutions avec, en tête, le centre de recherche scientifique de l'Association pour la Recherche allemande qui est actuellement en cours d'agrandissement pour pouvoir répondre à des besoins croissants. Quant au Deutsches Museum (Musée allemand) de Bonn dont l'essentiel des collections porte sur le développement de la technique depuis 1945, il s'est lui aussi installé en bordure de la Ahrstraße.

Von der Hofgartenwiese, dem Ort der größten und friedlichsten Demonstrationen in der Geschichte der Bundesrepublik, die im Alltag zum Picknick oder Rendezvous einlädt, sieht man das Münster und die ehemalige Kurkölnische Residenz, die heutige Rheinische Friedrich-Wilhelms-Universität. Das ist mehr als die schöne Schauseite der Stadt.

The view of the Münster and the former palace of the electors of Cologne, now Bonn University, from the Hofgarten meadow, scene of the largest peaceful demonstrations in the history of the Federal Republic and a favourite everyday spot for picnics and rendezvous.
It is more than the city's showcase.

Des pelouses du Hofgarten où se déroulèrent les manifestations les plus importantes et les plus pacifiques de l'histoire de la République fédérale, ces pelouses qui, au quotidien, se prêtent tout particulièrement à un pique-nique ou à un rendezvous amoureux, on a vue sur la collégiale et l'ancienne résidence des princes-électeurs de Cologne, l'actuelle Université Rhénane Frédéric Guillaume. Il ne s'agit pas là seulement du côté prestigieux de la ville.

Vom Balkon der Residenz aus über die Brunnen am Kaiserplatz, wo oft Studenten, aber auch Familien und müde Touristen Platz nehmen – hier im Bild –, führt der Weg über die Poppelsdorfer Allee hin zum Poppelsdorfer Schloß – über eine ideale städtebauliche Achse, die bis hinauf zum Kreuzberg führt. Von dort war eine Allee zum Schloß Augustusburg in Brühl geplant. Die barocken Bauherren könnten noch immer Lehrmeister für die heutigen sein.

Testimony to superb town planning: the view from the balcony of the former electoral palace across the fountains on Kaiserplatz, a popular resting-place for students but also for families and tired tourists, continues along Poppelsdorfer Allee to Poppelsdorf palace. The axis continues as far as the Kreuzberg, and there were plans to build an avenue as far as Schloss Augustusburg in Brühl. Present-day architects and builders could certainly learn a thing or two from their Baroque predecessors.

Du balcon de la résidence, le regard se perd sur la fontaine de la Kaiserplatz où viennent s'asseoir bien souvent des étudiants mais aussi des familles et des touristes fatigués, puis sur la Poppelsdorfer Allee jusqu'au château de Poppelsdorf le long d'un axe urbanistique parfait qui mène jusqu'au sommet du Kreuzberg. A partir de là, il avait été prévu de tracer une allée jusqu'au château d'Augustusburg à Brühl. Les bâtisseurs baroques pourraient servir encore de maîtres à ceux de nos jours.

Pa

Transrapid
06

Modern und museal zugleich: Das Deutsche Museum Bonn in der Nähe des Wissenschaftszentrums an der Ahrstraße macht seit 1995 die Geschichte der modernen Technik anschaulich, stets vom Stand der Gegenwart her, zeigt ihre beinahe unbegrenzten Möglichkeiten, aber auch ihre Gefahren. Der Transrapid, die Magnetschwebebahn, ist politisch in der Bundesrepublik von einem vergleichbaren Schicksal gezeichnet wie hier vor dem Museum, noch steht er still.

At once modern and museum-like: the Deutsches Museum Bonn close to the Science Centre in Ahrstrasse has since 1995 brought the history of modern engineering and state-of-the-art developments to life. This model of the Transrapid magnetic levitation hovertrain outside the museum illustrates the almost boundless possibilities of modern technology, but also its problems. The planned Transrapid link between Hamburg and Berlin has run into a great deal of political opposition, and is not yet up and running

Moderne et muséal en même temps: le musée allemand de Bonn sis à proximité du centre de recherche scientifique dans la Ahrstrasse présente depuis 1995 le développement de la technique moderne à partir de son stade actuel, montre quelles sont ses possibilités quasi illimitées mais aussi ses difficultés. Le «transrapid», train à sustentation magnétique, connaît en Allemagne, pour des raisons politiques, un sort semblable à celui du train qui est devant le musée: il n'avance toujours pas.

Die Universität, die vormals kurfürstlich-kölnische Residenz, ist der ideale Ausgangspunkt für einen Gang durch die Stadt. Durch das Koblenzer Tor des langgestreckten Gebäudes verläuft von Nord nach Süd die alte Römerstraße: Nach Süden führt sie Richtung Koblenz und Mainz als B 9 ins heutige Parlaments- und Regierungsviertel und weiter nach Bad Godesberg, nach Norden durch die eigentliche Stadt um das frühere Römerlager Richtung Köln.

Beginnen wir den Spaziergang in der Franziskanerstraße mit dem 1998 eröffneten StadtMuseum. Richtung Süden sind wir in wenigen Schritten auf dem Marktplatz mit dem Rokoko-Rathaus (1737/38), von dem aus die Großen dieser Welt, aber auch schon siegreiche deutsche Sportler die Bonner gegrüßt haben. Nach wenigen Fußminuten in südwestliche Richtung erreicht man das romanische Münster, dessen Bau auf den Gräbern der römischen Märtyrer Cassius und Florentius errichtet wurde. Von dort aus führt der Weg ans Ende der Residenz mit der großen Hofgartenwiese und der barocken Achse von der Poppelsdorfer Allee zum Poppelsdorfer Schloß mit Blickverbindung bis hinauf zum Kreuzberg, mit der nach römischem Vorbild von Balthasar Neumann (1687–1753) errichteten Heiligen Stiege. Diese Städte- und Landschaftsarchitektur hat bis heute nichts von ihrer Großartigkeit eingebüßt.

Vom Münster aus ist man mit wenigen Schritten auf dem Platz mit dem Beethovendenkmal (1845) und gelangt durch die Unterführung des Bahnhofs zum Rheinischen Landesmuseum, zu dessen Erforschung ein Tag kaum ausreicht, wenn alle Abteilungen mit Exponaten aus der Steinzeit bis zur Gegenwart besichtigt werden sollen. Und abermals vom Marktplatz oder vom Münsterplatz geht es in wenigen Minuten in die Bonngasse zum Geburtshaus Ludwig van Beethovens, und von dort am 1975 errichteten neuen Stadthaus vorbei zum Alten Friedhof, einem kleinen Pantheon deutscher Geschichte, mit Namen wie Robert und Clara Schumann oder Charlotte von Schiller, der Frau des großen Dichters.

Nicht weniger anregend ist der Spaziergang von der Universität durch das Koblenzer Tor nach Süden, linker Hand zum Alten Zoll mit dem Blick auf das Abgeordnetenhaus, den „Langen Eugen“ und hinüber zum Siebengebirge, den der Naturforscher und Geograph Alexander von Humboldt (1769–1859) als eine der schönsten Aussichten der Welt bezeichnet hatte. Man kann nun abermals der alten Römerstraße folgen oder parallel dazu der Rheinuferpromenade in Richtung Süden hin zum anderen Bonn, der Bundesstadt. Bonn ist allein schon seiner schönen Lage am Rhein wegen jede Reise wert.

Zunächst führt der Weg am Akademischen Kunstmuseum am Ende der großen Hofgartenwiese vorbei zum Haus von Ernst Moritz Arndt, einer Außenstelle des StadtMuseums, rechter Hand weiter zum Museum Alexander Koenig mit bedeutenden naturwissenschaftlichen Sammlungen. Gegenüber stehen die Zweckbauten der fünfziger Jahre für das frühere Postministerium und das Auswärtige Amt. Von hier gelangt man rasch zu den mit großen Parks verbundenen alten weißen Villen, die den Eindruck erwecken, als hätten sich in ihnen einmal Romane abgespielt, bevor sie 1949 der Sitz des Bundespräsidenten und des Bundeskanzlers wurden: die Villa Hammerschmidt und das Palais Schaumburg. Neben dem Palais Schaumburg findet sich der 1974 bis 1976 errichtete Bau des neuen Kanzleramts, mit dem „Charme einer Sparkasse“, wie Helmut Schmidt als sein erster Hausherr die damals hochmoderne Architektur beurteilte. Davor steht der große, vom Bildhauer Hubertus von Pilgrim gestaltete Kopf Konrad Adenauers und zur Rheinseite hin im weiten Innenhof die zwei großen Skulpturen von Henry Moore, ein beinahe erotisches Gegenbild zu dieser Sachwelt.

Vorbei an Landesvertretungen und Pressehäusern gelangt man zu der aus dem 19. Jahrhundert stammenden schmucken Villa der Parlamentarischen Gesellschaft und zur ehemaligen Pädagogischen Akademie, deren Äußeres die Architektur der Neuen Sachlichkeit aus den zwanziger Jahren erkennen läßt. In diesem „Bundeshaus“

Der romanische Kreuzgang am Bonner Münster ist ein Ort der Stille und der Besinnung im Getriebe der Stadt.

Bonn Münster's Romanesque cloister is a place of peace and quiet where contemplation reigns in the hubbub of the city.

Le cloître roman qui jouxte la collégiale est un lieu propice au calme et au receuillement au milieu de l'agitation de la ville.

The university, previously the palace of the electoral princes of Cologne, is the ideal starting-point for a walk through the town. The old Roman road from north to south runs through the Koblenz Gate of the elongated building. To the south, as the B9 towards Koblenz and Mainz, it leads through the present parliament and government district and on to Bad Godesberg. To the north, it runs through the actual city round the former Roman camp towards Cologne.

Let us start our walk in Franziskanerstrasse with the StadtMuseum, opened in 1998. A few steps southward take us to the market square with its Rococo Rathaus or town hall, 1737/38, from which leading world figures – and successful German sports teams – have greeted the people of Bonn. A few minutes on foot to the south-west is the Romanesque Münster (minster), erected on the site of the graves of the Roman martyrs Cassius and Florentius. From there the route leads to the the end of the palace with its large Hofgarten meadow and the Baroque axis running from Poppelsdorfer Allee to Poppelsdorf Palace, complete with a view of the Kreuzberg with the Roman-style Holy Steps designed by Balthasar Neumann, 1687–1753. To this day, this ensemble of landscape and architecture has forfeited none of its splendour.

From the Münster, a few steps take us to the square with the Beethoven monument, built in 1845, and on through the station underpass to the Rheinisches Landesmuseum. A day is hardly enough to explore all its departments with their exhibits from the Stone Age to the present. Another short walk from the market or minster square takes us to Bonngasse and the house where Ludwig van Beethoven was born, and from there past the new municipal council offices built in 1975 to the Old Cemetery, a pantheon of German history. The famous names buried there include Robert and Clara Schumann and Charlotte von Schiller, wife of the great writer.

No less stimulating is the walk southwards through the university's Koblenz Gate. On the left is the Alter Zoll (Old Customs House) with its view of the Langer Eugen (Tall Eugen), as the tower block where members of parliament have their offices is known, and across to the Siebengebirge hills. The natural scientist and geographer Alexander von Humboldt, 1769–1859, described the view in his day as one of the loveliest in the world. Now one can follow the old Roman road again or walk southwards along the Rhine bank promenade which runs parallel to it towards the south and the other Bonn, the city of federal government. Any trip to Bonn is worthwhile for its attractive Rhine-bank location alone.

Passing the Akademisches Kunstmuseum at the end of the Hofgarten meadow, you first reach the house of Ernst Moritz Arndt, a branch of the StadtMuseum and then on the right-hand side the Museum Alexander Koenig with its major natural history collections. Opposite is the 1950s utilitarian building of the former Ministry of Posts, and the Foreign Office. From here you soon reach Villa Hammerschmidt and Palais Schaumburg, two old white mansions joined with extensive parks which look as if they might have been the backdrop for novels before becoming the official residences of the president and the chancellor in 1949. Next to Palais Schaumburg stands the Chancellor's Office, built in 1974–76, the ultra-modern architecture of which Helmut Schmidt, its first occupier, described as having all the "charm of a savings bank." In front of it is a large bust of Konrad Adenauer by the sculptor Hubertus von Pilgrim. The large interior courtyard facing the Rhine has two sculptures by Henry Moore, an almost erotic contrast to this strictly material world. Passing embassies and press buildings one reaches the smart nineteenth-century villa of the Parliamentary Society and the

In der Bonngasse wurde Ludwig van Beethoven (1770–1827) geboren, der größte Sohn der Stadt. Wer hier nicht war, hat Bonn nicht gesehen.

The composer Ludwig van Beethoven, 1770–1827, the city's greatest son, was born here in Bonngasse. Visitors who have not seen his birthplace have not seen Bonn.

C'est dans la Bonngasse qu'est né Ludwig van Beethoven (1770–1827), fils prodige de la ville. Celui qui n'est jamais venu ici, n'a pas vu Bonn.

L'université, l'ancienne résidence des princes-électeurs de Cologne, est le point de départ idéal pour une visite de la ville. L'ancienne route des Romains traverse de nord en sud la Koblenzer Tor (Porte de Coblence) : elle mène, vers le sud, sous l'appellation de B 9, en direction de Coblence et de Mayence, vers l'actuel quartier gouvernemental et parlementaire pour continuer en direction de Bad Godesberg, et, vers le nord, traverse la ville proprement dite en contournant l'ancien camp romain, en direction de Cologne.
Commençons notre promenade par le StadtMuseum (Musée de la Ville) dans la Franziskanerstraße, qui ouvrit ses portes en 1998. A quelques pas de là, vers le sud, nous arrivons à la Place du Marché avec l'Ancien Hôtel de Ville (Rathaus) de style rococo (1737/38); c'est d'ici que les grands de ce monde et même aussi certains sportifs allemands victorieux se sont adressés aux citoyens de Bonn. A quelques minutes de là, en se dirigeant vers le sud-ouest, on parvient à la Collégiale de style roman qui fut édifiée sur les tombes des martyrs romains Cassius et Florentius. De là, le chemin mène jusqu'au fond de la résidence avec ses vastes pelouses du Hofgarten et l'axe baroque allant de la Poppelsdorfer Allee au Poppelsdorfer Schloß (Château de Poppelsdorf), avec vue sur le Kreuzberg, et avec le Saint Escalier (Heilige Stiege) construit selon le modèle romain par Balthasar Neumann (1687–1753). Cet environnement architectural et paysager n'a, à ce jour, rien perdu de sa grandeur.
A quelques pas de la Collégiale, sur une place, se trouvent le mémorial de Beethoven (1845) et, en prenant le passage souterrain de la gare, le Rheinisches Landesmuseum (Musée rhénan) qu'il serait bien difficile d'explorer en un seul jour si l'on voulait s'attarder à toutes ses sections dont les pièces d'exposition vont de l'âge de pierre aux temps modernes. Et, en repartant de nouveau de la place du marché ou de la place de la Collégiale, on peut se rendre en quelques minutes à la maison natale de Beethoven sise dans la Bonngasse, puis continuer, jusqu'à la nouvelle «Stadthaus» construite en 1975 pour arriver à l'Ancien Cimetière (Alter Friedhof), un panthéon de l'histoire allemande avec des noms comme Robert et Clara Schumann ou Charlotte von Schiller, l'épouse du grand poète.
Tout aussi passionnant est le chemin qui, de l'université, en passant par la Porte de Coblence, mène vers le sud. A main gauche, la Vieille Douane (Alter Zoll) avec vue sur le gratte-ciel des députés, mieux connu sous le nom de «Langer Eugen» et de l'autre côté sur le massif des «Siebengebirge» (Sept Montagnes), un panorama qu'Alexander von Humboldt (1769–1859), naturaliste et géographe, avait qualifié de l'un des plus beaux au monde. On peut suivre à nouveau, vers le sud, l'ancienne route des Romains ou bien, parallèlement, la promenade des bords du Rhin pour arriver à l'autre Bonn, la ville fédérale. Bonn, ne serait-ce que pour son site magnifique sur la rive du Rhin, mérite plus d'un voyage.

Allons tout d'abord à la Maison de Ernst-Moritz Arndt, une annexe du StadtMuseum, en passant devant le Musée académique des Beaux-Arts (Akademisches Kunstmuseum) au fond des grandes pelouses du Hofgarten, puis, à main droite, jusqu'au musée d'Alexander Koenig avec ses importantes collections du domaine des sciences naturelles. En face, les constructions fonctionnelles des années 50 abritaient le Ministère des Postes et aujourd'hui encore, le Ministère des Affaires Etrangères. De là, on est tout près de la Villa Hammerschmidt et du Palais Schaumburg, ces anciennes villas blanches avec leurs grands parcs contigus dont on pourrait croire qu'elles furent jadis le théâtre d'histoires romanesques avant de devenir, en 1949, le siège du Président de la République et du chancelier fédéral. A côté du Palais Schaumburg, l'édifice de la nouvelle chancellerie, construit entre 1974 et 1976, a le «charme d'une caisse d'épargne»: c'est ainsi qu'Helmut Schmidt, premier maître des lieux, qualifiait cette architecture alors très en vogue. Devant, le buste imposant de Konrad Adenauer modelé par le sculpteur Hubertus von Pilgrim et, côté Rhin, dans la vaste cour intérieure, les deux grandes sculptures de Henry Moore, un pendant presque érotique à ce monde pragmatique.
En longeant les maisons qui abritent représentations étrangères et agences de presse, on arrive à l'adorable Villa de la Société Parlementaire datant du 19ème siècle et à l'ancienne Académie de Pédagogie dont la façade témoigne de l'architecture de la «Nouvelle Objectivité» des années 20. C'est dans cette «Maison Fédérale» (Bundes-

Auf dem Alten Friedhof erinnert dieses Grab an den Komponisten Robert Schumann, der 1856 in der Heilanstalt von Endenich starb.

In the Old Cemetery this grave is sacred to the memory of the composer Robert Schumann, who died in Bonn's Endenich lunatic asylum in 1856.

Dans l'Ancien cimetière, cette tombe rappelle le souvenir du compositeur Robert Schumann qui mourut en 1856 dans un asile de Endenich.

Das Museum Alexander Koenig (unten) beherbergt eine der bedeutendsten naturkundlichen Sammlungen der Welt.

The Museum Alexander Koenig, below, boasts one of the world's most important natural history collections.

Le musée Alexander Koenig (en bas) abrite l'une des plus importantes collections du domaine des sciences naturelles.

für Bundesrat und Bundestag wurde 1949 in der ehemaligen Aula, heute Plenarsaal des Bundesrats, das Grundgesetz ausgearbeitet und verkündet. Daneben, an der Stelle eines abgerissenen Vorgängerbaus, entstand der 1992 fertiggestellte Plenarsaal des Bundestags. In dessen Park steht das kleine wilhelminische Wasserwerk mit dem Ersatzplenarsaal, in dem man große Geschichte schrieb: Hier wurde 1990 der Beitritt der DDR zum Grundgesetz, also die Vollendung der staatlichen Einheit Deutschlands in Frieden und Freiheit, vollzogen. Vom Wasserwerk aus kann man mit steifem Genick die 29 Stockwerke des „Langen Eugen" zählen. Zu dessen Füßen liegt der Schürmannbau, der nach dem Umzug des Bundestags den Radiosender Deutsche Welle beherbergen wird. Und wieder reiht sich Villa an Villa auf dem Weg zur Rheinaue, dem großen Park, der vom dort stattfindenden Flohmarkt bis zum Rockfestival ein wirklicher Volkspark geworden ist. Hier oder auf dem Marktplatz mit dem vielfältigen Programm des Bonner Sommers herrschen Lebenskunst und Lebensart.

Die Museumsmeile beheimatet längst nicht alle Museen Bonns, aber einige der bedeutendsten: das schon genannte Museum Alexander Koenig, das in fünf Abteilungen seine beeindruckenden naturkundlichen Sammlungen präsentiert und jetzt unter dem Motto „Der blaue Planet" umgestaltet wird, und das Haus der Geschichte der Bundesrepublik Deutschland, in dem man Geschichte seit 1949 begreifen und erleben kann. Außerdem gehören dazu das Städtische Kunstmuseum und die Bundeskunsthalle, verbunden durch eine große Piazza. Dort laden das Dach der Bundeskunsthalle, das Zelt zwischen diesen beiden Häusern (nur im Sommer), aber auch die anderen Museen zu Veranstaltungen ein, die sich großer Beliebtheit erfreuen.

former Pedagogical Academy with its 1920s new functionalist exterior. In 1949, Basic Law, the German constitution, was drawn up and proclaimed in the former assembly hall of the building, which once served both houses of parliament and is now the plenary chamber of the Bundesrat, the upper house. Next to it, on the site of its predecessor, stands the plenary chamber of the Bundestag, the lower house of parliament, which was completed in 1992. In the surrounding park stands the small Wilhelminian waterworks building with a makeshift plenary chamber in which history was written. Here, in 1990, the GDR, former East Germany, adopted Basic Law, completing the unification of the two German states in peace and freedom. From the "waterworks" you can crick your neck counting the 29 storeys of Langer Eugen. At its foot stands the Schürmann building, scheduled for use as the studios of Deutsche Welle radio station after the Bundestag has moved to Berlin. Now villa follows villa again all the way to the Rheinauen, the large riverside park which has become a true people's park, a venue for everything from flea markets to rock festivals. The varied Bonn Summer programme brings the art and style of living here and to the market square.

The "museum mile" contains by no means all Bonn's museums, but some of the most important, including the aforementioned Museum Alexander Koenig with five departments showing its impressive natural history collections, currently being rearranged under the motto "The Blue Planet." Here, too, is the House of History of the Federal Republic of Germany, where history since 1949 can be grasped and appreciated, along with the Städtisches Kunstmuseum (Municipal Art Museum) and the Bundeskunsthalle (Federal Art Gallery), which are linked by a large piazza. The Bundeskunsthalle roof and (in summer) a marquee between the two buildings, not to mention other museums are inviting venues for events which enjoy great popularity.

Das weiße Haus am Rhein, die Villa Hammerschmidt (oben), blickt auf eine bewegte Geschichte zurück. Sie bleibt der zweite Amtssitz des Bundespräsidenten.

Villa Hammerschmidt, the White House on the Rhine, above, can look back on a chequered history. It will continue to be the federal president's second official residence.

La maison blanche des bords du Rhin, la Villa Hammerschmidt (en haut), a une longue histoire mouvementée. Elle reste le deuxième siège du président de la République.

Das mitten auf der Museumsmeile gelegene moderne Städtische Kunstmuseum (oben) ist selbst ein architektonisches Kunstwerk.

The Städtisches Kunstmuseum, above, a modern municipal art gallery in the middle of the "Museum Mile," is itself an architectural work of art.

Le musée moderne municipal (en haut) situé en plein milieu du Boulevard des musées est lui-même un chef-d'œuvre architectural.

Das Palais Schaumburg (oben links) diente von Konrad Adenauer bis Willy Brandt als Bundeskanzleramt und wurde zum Symbol für die funktionierende „Kanzlerdemokratie" in Bonn.

Palais Schaumburg, above left, served as the Chancellor's Office from Konrad Adenauer to Willy Brandt and came to symbolise Bonn's working "chancellorial democracy."

Le Palais Schaumburg (en haut, à gauche) a servi, de Konrad Adenauer à Willy Brandt, de chancellerie et est devenu le symbole du bon fonctionnement de la «démocratie à l'allemande».

Der neue Plenarsaal des Bundestags (unten) zeichnet sich durch seine zur Außenwelt hin geöffnete Architektur aus.

The Bundestag's new plenary chamber, below, was designed to be open to the outside world.

Le nouvel hémicycle du Bundestag (en bas) est caractérisé par une architecture ouverte sur le monde extérieur.

haus) destinée à accueillir Bundestag et Bundesrat que la Loi fondamentale fut élaborée et proclamée en 1949, dans l'ancienne salle des fêtes devenue hémicycle du Bundesrat. L'hémicycle du Bundestag dont la construction fut achevée en 1992 a été édifié juste à côté, à la place du bâtiment précédant. On trouve dans son parc le petit castel d'eau datant de l'empereur Guillaume II avec un second hémicycle qui fut le témoin d'un grand événement historique: c'est là que s'accomplit, en 1990, l'adhésion de la RDA à la Loi fondamentale, ce couronnement de l'unité allemande dans la paix et la liberté. Du castel d'eau, on peut compter, au risque d'un torticolis, les 29 étages du «Langer Eugen». A ses pieds, se trouve le «Schürmannbau» (l'édifice Schürmann) dans lequel va s'installer la station de radiodiffusion «Deutsche Welle» après le déménagement du Bundestag. Et de nouveau s'alignent les maisons bourgeoises sur le chemin du Rheinaue, ce grand parc devenu Parcs de Loisirs avec marchés aux puces et festivals de rock. C'est ici ou sur la place du marché que le programme varié de l'«Eté de Bonn» appporte art et joie de vivre.

Le Boulevard des musées (Museumsmeile) est loin d'abriter tous les musées de Bonn mais quelques uns des plus importants: le musée Alexander Koenig, déjà cité auparavant, qui présente, dans cinq sections, des collections impressionnantes du domaine des sciences naturelles et qui est actuellement restructuré sur le thème de la «planète bleue» et la Maison de l'histoire de la république fédérale d'Allemagne dans laquelle on peut comprendre et vivre l'histoire depuis 1949. En font partie également le musée municipal des Beaux Arts et la «Bundeskunsthalle», les deux bâtiments reliés par une grande place. C'est sous le toit de la Bundeskunsthalle et sous le chapiteau tendu entre ces deux maisons (en été seulement) mais également dans d'autres musées de la ville qu'ont lieu diverses manifestations très appréciées.

Die heutige Bundesstraße 9 folgt parallel zum Rhein der alten Römerstraße von Köln über Koblenz nach Mainz. Daran erinnert auch das Koblenzer Tor der Kurfürsten – ein Sinnbild des Selbstbewußtseins, der Lebensfreude und, durch den Erzengel Michael symbolisiert, der Macht eines weltlich-geistlichen Territoriums. Für Autos, Fahrräder und Fußgänger ist das Koblenzer Tor ein Nadelöhr. Aber selbst in den vergangenen Zeiten der „autogerechten" Stadt dachte niemand an einen Umbau.

The Koblenz Gate of the electors is a reminder that Federal Highway 9, which runs parallel to the Rhine, follows the route of the old Roman road from Cologne to Koblenz and Mainz. It is a symbol of self-assurance, joie-de-vivre and also, in the figure of the Archangel Michael, of the power of a territory at once secular and religious. The Koblenz Gate is a bottleneck for cars, bicycles and pedestrians. But even in the days when making "a city fit for cars" was all the rage, nobody even considered making alterations to it.

L'actuelle route fédérale n° 9 suit, parallèlement au Rhin, l'ancienne route des Romains qui va de Cologne à Mayence en passant par Coblence. La Porte de Coblence construite par les princes-électeurs, un symbole du sentiment de valeur, de la joie de vivre et, symbolisé par l'archange Michel, de la puissance d'un territoire séculier et religieux, rappelle aussi cette route. La Porte de Coblence est le point noir de tout automobiliste, cycliste et piéton. Mais personne n'a jamais songé à en modifier la construction même pas par le passé alors que la ville «s'adaptait à la voiture».

Persil
MAGGI
Erdal

Schon im vorigen Jahrhundert der Bürgerschaft versprochen, im Januar 1998 endlich eröffnet: das Stadt-Museum an der Franziskanerstraße. Zu besichtigen sind Zeugnisse aller Epochen der Stadtgeschichte, darunter die Innenausstattung eines vergangenen bürgerlichen Lebens, hier der Kolonialwarenladen aus der Sternenburgstraße 66. Es wird erfahrbar, daß der Fortschritt nie so riesig und glücklich ist, wie seine Propheten zunächst verkünden.

The people of Bonn were promised their own museum way back in the nineteenth century. In January 1998, the StadtMuseum in Franziskanerstrasse finally opened its doors on an exhibition of items illustrating all epochs of the city's history, including genuine interiors showing life as it used to be. This grocer's shop, formerly at Sternenburgstrasse 66, is among the reminders that progress is never so great or so wonderful as the prophets of progress promise.

Le musée de la ville sis dans la Franziskanerstraße avait déjà été promis aux citoyens au siècle dernier mais il ne fut inauguré qu'en janvier 1988. On peut y voir les témoignages de toutes les époques de l'histoire de la ville, entre autre, l'intérieur d'une demeure bourgeoise d'autrefois , ici le magasin de produits coloniaux sis au n° 66 de la Sternenburgstraße. On peut comprendre ici que le progrès n'a jamais la grandeur et les effets positifs que ses prophètes annoncent tout d'abord.

Das Poppelsdorfer Schloß, Clemensruhe, erinnert an Clemens August, den wirkungsmächtigsten kölnischen Kurfürsten, der von 1723 bis 1761 in Bonn residierte. Sein Baumeister Johann Balthasar Neumann vollendete 1735 den vierflügeligen Bau, der eine großartige Gemäldesammlung beherbergte. Heute ist die Universität auch hier fürstlich untergebracht. In der Nähe des Schlosses gedeiht ihr botanischer Garten.

Clemensruhe, the palace of Poppelsdorf, is a reminder of Clemens August, most powerful of the electors, who made Bonn his royal seat from 1723 to 1761. Begun in 1735, the four-winged building by master architect Johann Balthasar Neumann housed a magnificent collection of paintings. Nowadays it provides regal quarters for the university, which has its flourishing botanical garden close by.

Le château de Poppelsdorf, demeure des Clemens, rappelle le souvenir de Clemens August, prince-électeur puissant qui résida à Bonn de 1723 à 1761. Son architecte Johann Balthasar Neumann acheva à partir de 1735 la construction du bâtiment à quatre ailes qui abritait une collection de peintures extraordinaire. L'université elle aussi a aujourd'hui des locaux princiers. Elle entretient à proximité du château un jardin botanique.

An der kurfürstlichen Poppelsdorfer Allee zu wohnen oder den Sitz seiner Verbindung zu wissen, ist in der Universitätsstadt seit eh und je ein Traum. Hier ließen sich im vorigen Jahrhundert gern die Professoren nieder. Fast jedes der stattlichen Häuser könnte Geschichten aus der großen Zeit der Alma mater erzählen, die bis in die Gegenwart fortwirkt.

To live on Poppelsdorfer Allee or have one's club headquarters there has been the dream of generations of Bonn university students. In the nineteenth century many professors had their lodgings here, and almost every one of these grand houses could tell tales from the great days of the alma mater, days which are by no means over.

Dans cette ville universitaire, tout le monde rêve depuis toujours d'habiter la Poppeldorfer Allee ou d'y avoir sa corporation. C'est ici qu'au siècle dernier les professeurs aimaient à s'établir. Presque chacune de ces demeures pourraient raconter des histoires de l'époque de l'Alma mater qui continue à vivre jusque dans les temps présents.

Die Bundesgartenschau 1979 ließ mit künstlichen Seen eine Rheinauenlandschaft wiedererstehen, die an eine Zeit erinnert, als der Fluß noch nicht gebändigt war. Heute wirken die künstlichen Seen längst wie ein Stück Natur. Der „Lange Eugen", das ursprünglich umstrittene Hochhaus der Bundestagsabgeordneten, ist längst als eines der Wahrzeichen der Stadt anerkannt. Wie optimistisch 1969 gebaut wurde, äußert sich darin, daß der Feuerwehr- und Fluchtturm (rechts) erst später angebaut wurde.

The artificial lakes laid out for the 1979 Federal Garden Show recreated a landscape of water meadows recalling the days before the Rhine was canalised. Nowadays, they look as if they have always been there. Despite the controversy which initially surrounded it, "Langer Eugen," the tower block housing the offices of Bundestag deputies, has long been acknowledged as one of the city's landmarks. The fact that the fire brigade access and emergency escape tower (right) were not added until later is a sign of the optimism which prevailed when it was built in 1969.

Les floralies de 1979 ont fait renaître, avec la création de lacs artificiels, le paysage verdoyant de la vallée du Rhin qui rappelle le temps où le fleuve n'était pas encore contenu. Aujourd'hui, les lacs artificiels sont intégrés à la nature. Le «Langer Eugen», ce gratte-ciel des députés à l'origine objet de vives controverses, est accepté depuis longtemps comme l'un des emblèmes de la ville. Sa construction ayant commencé en 1969 dans le plus grand optimisme, la tour nécessaire aux secours pompiers (à droite) ne fut construite que par la suite.

Die drei verspielten Türmchen, die der Architekt und Karikaturist Gustav Peichl auf das begehbare Dach der Bundeskunsthalle setzen ließ, bringen Licht ins Innere des Gebäudes. Wer das Dach erklimmt, wird mit einem prächtigen Ausblick belohnt. Wie in der Halle selbst wechseln auch oben die Ausstellungen, von den farbenfrohen „Nanas“ der Niki de Saint Phalle bis zur Gartenkunst.

The three playful towers added by architect and caricaturist Gustav Peichl to the roof of the Bundeskunsthalle (Federal Art Gallery) bring light to the building's interior. You can go up onto the roof, and those who do so are rewarded with a superb view. Both gallery and roof are the scene of changing exhibitions, ranging from the colourful "Nana" sculptures of Niki de Saint Phalle to garden art.

Les trois tourelles fantaisie que Gustav Peichl, architecte et caricaturiste, fit installer sur le toit de la Bundeskunsthalle font pénétrer la lumière dans le cœur du bâtiment. Celui qui monte sur le toit est récompensé par une vue splendide. Ici, comme dans le musée lui-même, les expositions alternent, des «Nanas» colorées de Niki de Saint Phalle jusqu'aux expositions d'art paysager.

Bonn und Bonn, die Stadt des Staates und die städtische Stadt, die bildeten selten oder nie einen selbstverständlichen Bund. Und dennoch gehören hier die Köpfe der Bundesstadt zum Alltag. Zeugen und Mitgestalter der deutschen Politik in Gegenwart und Vergangenheit, zum Beispiel die erste Bundestagspräsidentin Annemarie Renger (1972–76), können einem unvermittelt über den Weg laufen. Anfang der achtziger Jahre ging sogar gelegentlich noch Helmut Kohl mit eiligem Schritt zu Fuß vom Kanzleramt zum Bundeshaus. Später ließ auch er sich fahren. Die Stadt lebt mit dem Bund, nimmt auch seine Belästigungen des Alltags bei Staatsbesuchen durch Verkehrsstau oder Folgen der Politik wie Großdemonstrationen gelassen hin.

Vielleicht könnte ein phantasievoller Karikaturist den typischen Bundesbonner gestalten, indem er beispielsweise die Köpfe der bisherigen sechs Bundeskanzler zusammenfügt: das verwitterte und wissende Gesicht Konrad Adenauers (1876–1967), das zuversichtliche Ludwig Erhards (1897–1977), das geschmäcklerisch-gebildete von Kurt-Georg Kiesinger (1904–88), das visionär-grübelnde von Willy Brandt (1913–92), das forsche und eckige von Helmut Schmidt (geb. 1918) und die von vielen Furchen gezeichnete Gesichtslandschaft von Helmut Kohl (geb. 1930). Ein anderer würde vielleicht den Typ des Bundesbonners mit den Ohren Hans-Dietrich Genschers (geb. 1927) ausstatten. Wieder andere könnten den charakteristischen Bundesbonner zusammensetzen aus den Bundespräsidenten, die ebenso wie die Bundeskanzler – alles in allem – bisher den Nutzen des Volkes gemäß ihrem Amtseid gemehrt und Schaden von ihm gewendet haben: der geistreiche Theodor Heuss (1884–1963) als Kontrapunkt zum machtbewußten Konrad Adenauer, der erdverbundene, redliche Sauerländer Heinrich Lübke (1894–1972), der dennoch dem deutschen Volk die Augen für die Not in der Welt öffnen half, der gewissenhafte Gustav Heinemann (1899–1976) als Verkörperung der sozialliberalen Zeit, der elegante Walter Scheel (geb. 1919), der sich um das Sinken der seelischen Temperaturen in der Bundesrepublik sorgte, der wackere Wandersmann und konservative Juraprofessor Karl Carstens (1914–92), der weltläufig-noble Richard von Weizsäcker (geb. 1920) und schließlich der ehemalige Präsident des Bundesverfassungsgerichts Roman Herzog (geb. 1934), der von vornherein nur eine Amtszeit angestrebt hatte.

In einem solchen Porträt des politischen „Gesamtbonners" müßten freilich viele weitere Akteure dieser Bühne berücksichtigt werden: die zahlreichen Bundesminister, Landesvertreter, Bundesratsmitglieder, Diplomaten und Beamten sowie die vielen, vielen Bundestagsabgeordneten seit 1949.

Einige von ihnen haben Geschichte geschrieben, andere nur erlitten oder Geschichten zur Geschichte gemacht und erzählt, manche haben Romane erlebt, oder man könnte Romane über sie schreiben.

Wenn die Abgeordneten ab 1999 in Berlin sind, dürften manche Bonner denken: Nun fehlen sie uns doch. Wir hätten öfter den Weg von Bonn nach Bonn gehen sollen. Aber es ist ja auch noch nicht jeder Frankfurter im Goethehaus gewesen.

Die ersten beiden Bundeskanzler: Konrad Adenauer (oben links) und Ludwig Erhard (Mitte)

The first federal chancellors: Konrad Adenauer, above left, and Ludwig Erhard, centre

Les deux premiers chanceliers: Konrad Adenauer, (en haut, à gauche) et Ludwig Erhard (au centre)

Bonn the capital and Bonn the city have seldom if ever formed one entity as a matter of course. Yet leading German politicians are an everyday sight. You are quite likely unexpectedly to run across people who were witnesses to German politics past and present, not to say people who shaped it, such as Annemarie Renger, first woman speaker of the German Bundestag (1972–76). In the early 1980s even Helmut Kohl occasionally walked from the Chancellor's Office to the Bundeshaus. He later preferred to be driven. The city lives with the federal government and bears calmly and imperturbably the everyday burdens of capital city status, such as traffic jams during state visits, or consequences of politics, such as large-scale demonstrations.

An imaginative cartoonist might well see fit to draw a composite figure of the Bundesbonner, or Bonn-based national politician of the past 50 years. It might, for instance, incorporate features of the first six federal chancellors: the shrewd, weather-beaten face of Konrad Adenauer, 1876–1967, the confidence exuded by Ludwig Erhard, 1897–1977, the stylish, educated features of Kurt Georg Kiesinger, 1904–88, the pensive, visionary face of Willy Brandt, 1913–92, the forthright, four-square features of Helmut Schmidt, born in 1918, and the well-lined facial landscape of Helmut Kohl, born in 1930. Another cartoonist might feel tempted to add the ears of long-serving foreign minister Hans-Dietrich Genscher, born in 1927. Yet others might decide to incorporate the features of Germany's federal presidents, who – like the chancellors – have, all told, fulfilled their oath of office and served the public good, keeping harm to the people at bay. The witty, intellectual Theodor Heuss, 1884–1963, provided a counterpoint to the power-conscious Konrad Adenauer. Heinrich Lübke, 1894–1972, an honest, down-to-earth son of his native Sauerland, opened the German people's eyes to hardship elsewhere in the world. The conscientious Gustav Heinemann, 1899–1976, personified the era of the Social and Free Democratic coalition in Bonn. The elegant Walter Scheel,

Oben rechts: Willy Brandt und Theodor Heuss

Above right: Willy Brandt and Theodor Heuss

En haut, à droite: Willy Brandt et Theodor Heuss

born in 1919, played a leading role in helping to keep political tempers down in Germany. The sturdy hiker and conservative law professor Karl Carstens, 1914–92, was followed by the cosmopolitan, aristocratic Richard von Weizsäcker, born in 1920, who in turn was followed by Roman Herzog, born 1934, a former president of the Federal Constitutional Court who made it clear from the outset that he had no desire to serve more than one term in office.

Any such "composite" Bonner must also take many more politicians into account: the numerous federal ministers, state representatives, members of the Bundesrat, or upper house of the German parliament, diplomats, civil servants and the many men and women who have been members of the Bundestag since 1949.

Some of them have written history. Others were merely at its receiving end. Others have told tales about history and others still have experienced the contents of entire novels, or could have novels written about them.

In 1999, when the Bundestag moves to Berlin, some Bonners may miss them all and feel they ought to have made the journey from municipal Bonn to political Bonn more often. But residents tend not to do so. By no means everyone who lives in Frankfurt has visited the Goethehaus there, for instance.

Oben links: Helmut Schmidt, sozialdemokratischer Bundeskanzler von 1974 bis 1982

Above left: Helmut Schmidt, Social Democratic federal chancellor from 1974 to 1982

En haut, à gauche: Helmut Schmidt, chancelier social-démocrate de 1974 à 1982

Bonn et Bonn, la ville de l'état et la ville vile: leur union n'a jamais été très évidente ou que rarement. Et pourtant, les personnages de la ville fédérale font ici partie du quotidien. Ceux qui furent les témoins ou les architectes de la politique allemande présente et passée, comme par exemple la première présidente du Bundestag, Madame Annemarie Renger (1972–76), peuvent à tout moment croiser votre chemin. Au début des années 80, même Helmut Kohl se rendait parfois, d'un pas pressé, du Kanzleramt à la Bundeshaus. Par la suite, il s'est lui aussi fait conduire. La ville vit au rythme de la République et accepte, sans se départir de son flegme, les désagréments qu'elle occasionne au quotidien, les embouteillages lors des visites officielles et les grandes manifestations conséquentes à la politique.

Un caricaturiste doué d'une imagination fertile assemblerait peut-être, pour représenter le Bonnois fédéral type, les traits des six chanceliers de l'Allemagne: le visage buriné et éclairé de Konrad Adenauer (1876–1967), celui confiant de Ludwig Erhard (1897–1977), celui esthète et cultivé de Kurt-Georg Kiesinger (1904–1988), celui réfléchi et visionnaire de Willy Brandt (1913–1992), celui anguleux et résolu d'Helmut Schmidt (né en 1918) et la face sillonnée de rides d'Helmut Kohl (né en 1930). Un autre caricaturiste agrémenterait peut-être l'image du Bonnois fédéral type des oreilles d'Hans-Dietrich Genscher (né en 1927). D'autres pourraient reconstituer le Bonnois fédéral caractéristique avec des éléments propres aux présidents allemands qui – tout bien considéré – ont, comme les chanceliers, contribué au bien du peuple et écarté de lui le mal comme ils en avaient fait le serment: Theodor Heuss (1884–1963), le spirituel, en contrepoint de Konrad Adenauer, conscient de son pouvoir, Heinrich Lübke (1894–1972) issu du Sauerland, probe et réaliste mais qui aida cependant le peuple allemand à ouvrir les yeux sur la détresse du monde, Gustav Heinemann, le consciencieux, (1899–1976), incarnation de la période socio-libérale, Walter Scheel, l'élégant, (né en 1919), inquiet de la baisse du niveau spirituel en Allemagne Fédérale, Karl Carstens (1914–92), voyageur courageux et professeur de droit conservateur, Richard von Weizsäcker (né en 1920), âme magnanime et courtoise et enfin Roman Herzog (né en 1934), ancien président du tribunal constitutionnel suprême qui d'emblée n'aspire qu'à un seul mandat.

Un tel portrait du «Bonnois politique intégral» devrait bien sûr tenir compte de bien d'autres acteurs de ce théâtre: toute la légion des ministres fédéraux, des représentants des Länder, des membres du Bundesrat, des diplomates et des fonctionnaires ainsi que la multitude des députés qui siégèrent au Bundestag depuis 1949.

Quelques uns d'entre eux ont fait l'histoire, d'autres l'ont seulement subie ou ont fait l'histoire avec de la petite histoire et ont raconté que certains ont vécu des romans ou bien que l'on pourrait faire de leur vie un roman.

Lorsque, à partir de 1999, les députés seront à Berlin, il se pourrait bien que d'aucuns pensent alors: maintenant ils nous manquent quand même. Nous aurions dû prendre plus souvent le chemin qui mène de Bonn à Bonn. Mais les Francfortois eux non plus n'ont pas tous visité la Maison de Goethe.

Helmut Kohl, Bundeskanzler von 1982 bis 1998 (Mitte) und Roman Herzog, Bundespräsident seit 1994

Helmut Kohl, federal chancellor from 1982 to 1998, centre, and Roman Herzog, federal president since 1994

Helmut Kohl, chancelier de 1982 à 1998 (au centre) et Roman Herzog, président de la république depuis 1994

Das weiße Haus am Rhein im sachlichen Bauhausstil der dreißiger Jahre beherbergte die Pädagogische Akademie der Preußischen Rheinprovinz, bevor es zum Bundeshaus wurde. Hier trat im September 1948 im heutigen Bundesratsgebäude der Parlamentarische Rat zusammen, verkündete am 23. Mai 1949 Konrad Adenauer das Grundgesetz. Rechts, optisch am Fuße des „Langen Eugen", ist der Eingang zum heutigen Plenarsaal zu sehen.

Before becoming the Bundeshaus, the meeting-place of the upper chamber of the German parliament, this white riverside building with its clean 1930s Bauhaus lines was the teacher training college of the Prussian Rhine province. In 1948 the Parliamentary Council met here, and on 23 May 1949 Konrad Adenauer proclaimed the constitution of the Federal Republic of Germany from here. On the right of the picture, seemingly at the foot of "Langer Eugen," the entrance to the present-day plenary chamber can be seen.

La maison blanche des bords du Rhin construite dans le style dépouillé du Bauhaus des années 30 abritait l'Académie de pédagogie de la Rhénanie prusse avant de devenir Bundeshaus. C'est ici qu'en septembre 1948 se réunit dans l'actuel bâtiment du Bundesrat le conseil parlementaire et que Konrad Adenauer proclama le 23 mai 1949 la Loi fondamentale. A droite, pour ainsi dire au pied du «Langer Eugen», on peut voir l'entrée de l'hémicycle actuel.

Henry Moores „Large Two Forms". Die zwei großen Formen des britischen Bildhauers, aufgestellt im September 1979, auf der grünen Fläche vor dem düsteren Zweckbau des Kanzleramtes schimmernd, sind ein beliebtes Fotomotiv. Sie sind auch der Protest des musischen Menschen und damaligen Bundeskanzlers Helmut Schmidt gegen die technokratische Welt des am 5. Juli 1976 eröffneten neuen Bundeskanzleramtes.

These "Large Two Forms" by the British sculptor Henry Moore were erected in 1979 on the lawn in front of the sombre, utilitarian Chancellor's Office, providing light relief and a popular motif for photographs. They were also a protest by Helmut Schmidt, the artistically-minded chancellor of the day, against the technocratic world of the new chancellor's office, opened on 5 July 1976.

Les «Large Two Forms» de Henry Moore. Les deux grandes formes du sculpteur britannique érigées en septembre 1979, éléments chatoyants sur surface verte devant le bâtiment fonctionnel quelque peu sinistre de la chancellerie, servent bien souvent de motif aux photographes. Elles sont aussi un geste de protestation d'Helmut Schmidt, personne profondèment artiste et alors chancelier, contre le monde technocrate de la nouvelle chancellerie (à l'arrière-plan) inaugurée le 5 juillet 1976.

Es gibt das eine Bonn, das städtische Bonn. Und es gibt das andere Bonn, das 1999 nach dem Umzug des Bundestages nach Berlin vergehen oder in die noch zu findende Gestalt der „Bundesstadt" sich wandeln wird. Bonn also in beiderlei Gestalt – einmal als Medienkonserve, Kritik- und Schlagzeilenproduzent, als Datumszeile der Meldungen. Auf der anderen Seite die Stadt mit Beethoven, Robert und Clara Schumann, der Universität, dem Rathaus und dem Markt, dem Alten Friedhof, den Kneipen, Küchen, Kirchen und Kellern, den Bürgern, Bettlern, Musikern und Straßenmusikanten, den Professoren und Studenten und der historisch – bis zur Reform der Postleitzahlen – nicht zufälligen postalischen Einteilung in drei Zonen: Bonn, also das eigentlich „bönnsche" Bonn, die ehemals selbständige Stadt Bad Godesberg, die ihre historisch gewordene Eigenart in Bonn behalten hat, und die rechtsrheinische Seite mit Beuel als ehemals selbständiger Stadt in der Stadt oder mit Oberkassel. Diese Seite ist keineswegs eine „schäl Sick", ein übles Ufer, als welche die Linksrheinischen sie verspotten. Im Bewußtsein der hier lebenden Menschen ist die einst von den Römern gehaltene Rheingrenze immer noch tief und schwer überwindbar.

Zwischen Bonn und Bonn war und ist kein selbstverständlicher Bund. Manchmal schien der Fußweg zwischen Kanzleramt und Koblenzer Tor an der langgestreckten Universität im Hofgarten, der früheren Residenz der Kurfürsten von Köln, wie ein Weg zwischen den Welten. Das ist nicht die einzige Doppelgesichtigkeit.

Nimmt man die mit Bonn verbundenen Vorurteile, so spürt man bald, daß sie wie alle Vorurteile mit der Wirklichkeit zu tun haben, aber sie niemals vollends erfassen. Fast jedes Vorurteil kann man in sein Gegenteil umkehren. Zum Beispiel: Bonn hat ein schlechtes Klima – Bonn hat ein gedeihliches Klima. Tatsächlich, das Wetter ist auch in Bonn ein regelmäßiges Party-Thema. Es verschaffe den Hals-Nasen-Ohren-Ärzten eine sichere Klientel, es sei herzinfarktverdächtig oder, wie der britische Diplomat und Bestsellerautor John le Carré (eigentlich David John Moore Cornwell, geb. 1931) in seinem Buch „Small town in Germany" 1968 geschrieben hat: „Während der meisten Monate ist Bonn kein Ort für Jahreszeiten (...). Ein Klima für Kopfschmerzen, warm und flau wie in Flaschen abgefülltes Wasser, ein Klima des Wartens, des bitteren Geschmacks, der vom langsam fließenden Strom aufsteigt, des mühseligen und zaghaften Wachstums (...)." Der Bonner Volksmund hat es auf die Formel gebracht: „Entweder es regnet oder man ist müd oder die Schranken sind zu", womit auf die Teilung der Stadt durch die parallel zum Rhein verlaufende Eisenbahnstrecke angespielt wird.

Das Gegenbild: Das Bonner Klima ist gut. Magnolien und Mandelbäume blühen hier früher als anderswo. Gewalttätiges gedeiht schlechter als an anderen Orten. Das Klima weckt die Vegetation und dämpft die politische Erregbarkeit. Auch deshalb und nicht nur wegen der Nähe seiner Wohnung in Rhöndorf gaben Konrad Adenauer und eine Mehrheit der Gründungsväter und -mütter der Bundesrepublik Bonn den Vorzug vor dem virulenteren Frankfurt am Main. Das Bonner Klima zaubert schnell Piazza-Atmosphäre, ebenso der „Bonner Sommer". Bonn in „Rheinkultur", wie das städtische Presseamt werbewirksam formuliert, macht es möglich, daß die Werke des berühmtesten Sohnes der Stadt, die Kompositionen von Ludwig van Beethoven

Der Komponist Robert Schumann starb 1856 in Bonn-Endenich, wo er nach seinem psychischen Zusammenbruch 1854 die letzten beiden Lebensjahre in einer Heilanstalt verbringen mußte.

The composer Robert Schumann died in 1956 in Endenich, Bonn, where he spent the last two years of his life in an asylum after a nervous breakdown in 1854.

Le compositeur Robert Schumann est décédé en 1856 à Bonn-Endenich. C'est là que, dans un asile psychiatrique, il dut passer les deux dernières années de sa vie suite à une dépression nerveuse.

There is Bonn the city – the municipal Bonn – and the other, political Bonn that will either pass away when the Bundestag moves to Berlin in 1999 or take on another role, a role that has yet to be clearly defined, as a Bundesstadt, rather than as Bundeshauptstadt, or federal capital. Bonn thus exists in two guises, one of which is the media canning factory, the generator of criticism and headlines and the dateline for news reports. The other is the city of Beethoven, of Robert and Clara Schumann, of the university, of the Rathaus, or town hall, on the Markt, or market square, of the Alter Friedhof (Old Cemetery), the bars, restaurants, churches and cellars, of burghers and beggars, or musicians and buskers, of professors and students and – historically speaking – until the postcode reform, of three postal districts comprising Bonn proper, the former separate town of Bad Godesberg, which has retained its separate historical identity as part of the greater Bonn, and Bonn on the other side of the Rhine. That side of the river, comprises Beuel, which used to be a town in its own right, and Oberkassel and is anything but the schäl Sick, or much less prestigious side of the river that left-bankers make it out to be. People who live on the Rhine are still deeply aware that the Rhine has been a border since Roman days, a border that is somehow hard to cross.

The two Bonns are nowhere near united as a matter-of-course entity. At times the short walk from the Chancellor's Office to the Koblenz Gate and the elongated main university building in the Hofgarten, the former palace of the electoral prince-archbishops of Cologne, seems like a walk between worlds. And that is not the only duality that Bonn embodies.

Take, for instance, the widespread prejudices about Bonn. You soon sense that they, like all prejudices, are based on reality but in no way fully encompass it. Nearly every prejudice can be transformed into its opposite. Take the view that the weather in Bonn is bad: too hot and sticky. Bonn can just as easily be said to have a thriving and salutary climate. The weather is certainly a constant conversational gambit. It is said to ensure ear, nose and throat specialists a steady income. It is also said to promote heart attacks. Or, as British writer John le Carré (David John Moore Cornwell, born in 1931) put it in his 1968 spy thriller "A Small Town in Germany": "In most months Bonn is no place for seasons ... A climate for headaches, warm and insipid like water filled into bottles, a climate for waiting, with a bitter taste that rises from the slowly flowing

river, from the arduous, hesitant growth ..." As a Bonn mot would have it: "It is either raining or you feel tired or the level crossing is closed." The last remark is a reference to the railway line, running parallel to the river, that cuts the city into two.

Yet you could just as easily say that the weather in Bonn is good. Magnolia and almond trees bloom earlier here than elsewhere. There is less violence in Bonn than in other cities. The climate boosts vegetation and keeps political tempers down. That was one of the reasons why Konrad Adenauer, who lived in nearby Rhöndorf, opted for Bonn rather than for the more hectic Frankfurt am Main as the federal capital. So, by the way, did a majority of the Federal Republic's founding fathers (and mothers). Bonn's climate is quick to create a "piazza" atmosphere, as is the Bonn Summer season of artistic events. Bonn is Rhine culture, as the city's tourist board cleverly puns it (the river's name also means "pure" in

Clara Schumann, geborene Wieck, ging nach dem Tod ihres Mannes Robert nach Berlin. Sie überlebte ihn um 40 Jahre.

Clara Schumann, née Wieck, moved to Berlin after Robert's death. She outlived her husband by 40 years.

Clara Schumann, née Wieck, partit vivre à Berlin après la mort de son époux. Elle vécut encore 40 ans.

Il y a d'un côté Bonn, Bonn la citadine. Et puis il y a l'autre Bonn, celle qui, après le déménagement du Bundestag pour Berlin en 1999, va disparaître ou plutôt se transformer en une «ville fédérale» dont la forme reste encore à définir. Donc, une Bonn à deux facettes: d'un côté, comme réservoir médiatique, productrice de critiques et de gros titres, série datée de déclarations. De l'autre côté, la ville de Beethoven, Robert et Clara Schumann, de l'Université, de l'Hôtel de Ville et du Marché, de l'Ancien Cimetière, des bistrots, cuisines, églises et caves, des citoyens et mendiants, des musiciens et musiciens de rue, des professeurs d'université et étudiants et de la répartition postale – jusqu'à la réforme du code postal – en trois zônes qui, historiquement, ne sont certainement pas le fruit du hasard, c.à.d. le «bönnsche» Bonn, le Bonn purement bonnois, la ville jadis indépendante de Bad Godesberg qui a conservé au sein de Bonn sa particularité devenue historique et la rive droite du Rhin avec Beuel, autrefois ville indépendante dans la ville ou alors avec Oberkassel. Ce côté n'est point du tout une «Schäl Sick», une mauvaise rive, terme qu'utilisent en se moquant les habitants de la rive gauche du Rhin. Dans l'esprit de ceux qui habitent ici, la frontière du Rhin jadis défendue par les Romains est encore profonde et bien difficile à surmonter.

L'union entre Bonn et Bonn n'allait et ne va pas de soi. Le chemin qui va de la Chancellerie à la Porte de Coblence en longeant le bâtiment tout en longueur de l'Université avec ses pelouses du Hofgarten, l'ancienne résidence des princes-électeurs de Cologne, semblait parfois être un chemin entre deux mondes. Et ce n'est pas là seulement que Bonn montre ses deux visages.

Si l'on prend par exemple les préjugés dont Bonn fait l'objet, on s'aperçoit bientôt qu'ils sont, comme tous les préjugés, en partie réels mais qu'ils ne rendent jamais tout à fait compte de la réalité. A chaque préjugé son contraire. Par exemple: Bonn a un mauvais climat, Bonn a un climat salubre. A Bonn aussi, le climat revient sans cesse dans la conversation des soirées. Il garantit aux oto-rhino-laryngologistes une clientèle régulière, il est susceptible d'occasionner des infarctus ou alors, comme l'écrivait en 1968 le diplomate britannique et auteur de best-sellers John le Carré (en réalité David John Moore Cornwell, né en 1931), dans son livre «Small town in Germany»: «pendant la plus grande partie de l'année, Bonn n'a pas de saisons (...) Un climat propice aux maux de tête, chaud et douceâtre comme de l'eau en bouteille, un climat d'attente, de goût amer émanant d'un fleuve qui coule lentement, un climat de croissance pénible et hésitante (...).» A Bonn, dans la langue familière, cela se résume dans cette formule: «ou il pleut ou on est fatigué ou les barrières sont fermées», faisant ainsi allusion à la ligne de chemin de fer qui, parallèlement au Rhin, sépare la ville en deux.

Le tableau inverse: le climat de Bonn est bon. Les magnolias et les amandiers fleurissent ici plus tôt qu'ailleurs. La violence n'est pas aussi florifère qu'en d'autres lieux. Le climat tire la végétation de son sommeil et étouffe les susceptibilités politiques. C'est pour cela et non pas seulement en raison de la proximité de son appartement à Rhöndorf que Konrad Adenauer ainsi qu'une majorité des pères et mères fondateurs de la Ré-

Die im 13. Jahrhundert erbaute Godesburg

The thirteenth-century Godesburg

Le Godesburg construit au 13ème siècle

(1770–1827) nicht nur in dem neuen Konzertsaal neben dem Geburtshaus des Komponisten oder in der Beethovenhalle gehört werden können.
Andere Vorurteile: Bonn ist sprachlos – Bonn ist sprachschöpferisch.
Tatsächlich, es verschlägt einem manchmal die Sprache bei der Wörterproduktion der Politiker, die mit vielen Worten oft nichts sagen. Andererseits sind Bonner Wortschöpfungen in die Umgangssprache eingegangen: die Ohne-mich-Generation. Der „Lange Eugen", das Abgeordnetenhochhaus, benannt nach dem Bundestagspräsidenten Eugen Gerstenmaier (1906–86). Die Lage war noch nie so ernst. Maßhalten und soziale Marktwirtschaft. Wohlstand für alle. Und manche der Bonner Begriffe wie Ostpolitik, Wende oder Waldsterben brauchten in andere Sprachen nicht einmal mehr übersetzt zu werden.
Aber das ist nur eine der Bonner Sprachen: Beethoven hat auch noch in Wien „Bönnsch", den Dialekt seiner Vaterstadt, gesprochen. Als der junge, wie er aus Bonn stammende Botaniker Peter Joseph Lenné (1789–1866) 1812 dem schwerhörigen Meister in Wien Grüße aus der Heimat überbrachte, sagte dieser: „Dich versteh' ich, du sprichst bönnsch." Vielleicht verdankt Beethoven sogar der Sprachmelodie seiner Kindheit die Schläge der 5., der Schicksalssymphonie, ist das „Tatatata" der 5. abgeleitet vom Zwiegespräch zweier Frauen über ein Kind: „Darf dat dann dat?" Antwort: „Dat darf dat." „Dat dat dat darf!?" (hochdeutsch: „Darf es denn das?" Antwort: „Es darf." Einwand der Fragenden: „Daß es das darf!?") – Allerdings geht diese Sprachmelodie im Rheinischen, dem Französischen nahe, nach oben. Beethovens Schicksalsschläge steigen auf der Tonleiter ab.
Die Gegensatzpaare ließen sich mehren und mit Beispielen belegen: Bonn hat keine Talente und Originale – Bonn ist ein Talentschuppen; Bonn ist langweilig – Bonn ist erotisch; in Bonn kann man nicht gut essen – Bonn ist die nördlichste Stadt Italiens. Am Ende überwiegt bei solchen Paarungen zwischen Negativ und Positiv in Bonn das Gute. Bonn hat einen Bonn-Bonus.

Das Haus von Konrad Adenauer, das er am Hang in Rhöndorf (Bad Honnef) baute, nachdem ihn die Nazis aus dem Amt des Kölner Oberbürgermeisters vertrieben hatten, kann heute besichtigt werden.

The house that Konrad Adenauer built on a hillside in Rhöndorf, Bad Honnef, after the Nazis had sacked him as lord mayor of Cologne, is on view to the public.

La maison de Konrad Adenauer qu'il fit construire sur une colline de Rhöndorf (Bad Honnef) après que les nazis l'aient chassé de son poste de bourgmestre de Cologne, est aujourd'hui ouverte aux visiteurs.

German), and that is why the works of the city's most famous son, the composer Ludwig van Beethoven, 1770–1827, are not just performed in Bonn's Beethovenhalle or in the new concert hall next to the house in which he was born.
Another prejudice is that Bonn is speechless and has nothing to say for itself. The opposite is no less true: Bonn can be most creative where language is concerned. There are times when your breath is taken away by the verbal output of politicians who often take many words to say little or nothing. Yet expressions that were coined in Bonn have gone down into colloquial German. Expressions such as the "without me generation" (the early 1950s generation of Germans opposed to the setting up of a new German army) or the Langer Eugen (the tower block where Bundestag members have their offices, named after Eugen Gerstenmaier, 1906–86, the Bundestag speaker who was instrumental in getting it built). Not to mention expressions such as: "The situation was never so serious" (a favourite with Konrad Adenauer) and "moderation," "social market economy" and "Prosperity for All" (all of which call to mind Ludwig Erhard). Some terms, such as Ostpolitik, Wende and Waldsterben, have been taken over by other languages, such as French, just as they are, untranslated.
Yet these political expressions are only one of the "languages" spoken in Bonn. Even in Vienna, Beethoven spoke the broad Rhenish dialect of his native Bonn. When the botanist Peter Joseph Lenné, 1789–1866, paid the deaf composer a visit, bringing greetings to the Austrian capital, Beethoven told him: "I can understand you. You speak Bonn dialect." Beethoven is even rumoured to have owed to the melodious dialect of his childhood the majestic four-note theme of his Fifth Symphony. But in Rhenish dialect, as in French, the phrase rises in pitch, whereas Beethoven's momentous theme descends the musical scale.
Other opposites could be cited too, and examples given. Bonn has no talents or originals – Bonn is a hotbed of talent. Bonn is boring – Bonn is erotic. You can't get a good meal in Bonn – Bonn is the northernmost city in Italy. Amid all these pros and cons the positive outweighs the negative. Bonn rightly enjoys a Bonn bonus.

Ludwig van Beethoven, hier mit dem Manuskript der „Missa Solemnis" auf einem Gemälde von Joseph Karl Stieler, wurde 1770 in Bonn geboren und sammelte dort seine ersten musikalischen Erfahrungen.

Ludwig van Beethoven, here seen with the score of the Missa Solemnis in a painting by Joseph Karl Stieler, was born in Bonn in 1770 and gained his first musical experience in this, his home town.

Ludwig van Beethoven, peint ici par Joseph Karl Stieler avec le manuscrit de sa «Missa solemnis», est né en 1770 à Bonn où il rassembla ses premières expériences musicales.

publique fédérale accordèrent la priorité à Bonn sur Francfort-sur-le-Main, ville plus virulente. Le climat de Bonn peut faire naître comme par enchantement une ambiance de piazza italienne; «L'été de Bonn» a le même effet. C'est grâce à la «pure culture rhénane» de Bonn, car telle est la formulation à fort impact publicitaire du bureau de presse municipal, que les œuvres du fils le plus célèbre de la ville, les compositions de Ludwig van Beethoven (1770–1872) ne sont pas jouées exclusivement dans la nouvelle salle de concert, à côté de la maison natale du compositeur, ou dans la Beethovenhalle.

D'autres préjugés: Bonn a perdu la parole – Bonn est féconde en paroles.

Il est vrai que l'on reste parfois bouche bée devant la production de mots des hommes politiques qui en parlant beaucoup ne disent souvent rien. D'un autre côté, des mots nés à Bonn sont passés dans la langue courante: la génération des «sans moi!»; le «Langer Eugen», le gratte-ciel des députés, qui doit son nom au président du Bundestag Eugen Gerstenmaier (1906–86); la situation n'a jamais été aussi sérieuse; pas d'excès et une économie de marché sociale; prospérité pour tous. Et maintes créations bonnoises, telles que «Ostpolitik», «Wende» ou «Waldsterben» n'ont même plus besoin d'être traduites dans d'autres langues.

Mais ce n'est là que l'une des langues bonnoises: Beethoven parlait encore le «Bönnsch», le dialecte de sa ville natale, alors qu'il vivait déjà à Vienne. Lorsque le jeune botaniste Peter Joseph Lenné (1789–1866), lui aussi originaire de Bonn, rendit visite en 1812 au maître malentendant, celui-ci lui dit: «toi, je te comprends, tu parles ‹Bönnsch›.» Peut-être Beethoven doit-il même la cadence de sa 5ème symphonie, la symphonie du destin, à la mélodie de la langue de son enfance. Le «Tatatata» de la 5ème n'est-il pas l'écho d'un aparté entre deux femmes à propos d'un enfant:«darf dat dann dat?» Réponse: «Dat darf dat.» «Dat dat dat darf!?» (en haut allemand: «Darf es denn das?» – Peut-il faire cela ? – Réponse: «Es darf.» – Il peut. Objection de celui qui pose la question: «Daß es das darf!?» – Il le peut vraiment!?). Toutefois, cette mélodie de la langue rhénane va en crescendo, un peu comme le Français. Les coups du destin de Beethoven vont eux en decrescendo.

On pourrait multiplier le nombre de ces couples antinomiques et les assortir d'exemples: Bonn n'a pas de talents et pas d'originaux – Bonn est un vivier de talents – Bonn est ennuyeuse – Bonn est érotique.

A Bonn, on ne mange pas bien – Bonn est la ville la plus au nord de l'Italie. Dans ces couples du positif et du négatif à Bonn, c'est le bien qui l'emporte. Bonn a un bonus bonnois.

Der Gartenbaumeister Peter Joseph Lenné wurde 1789 in Bonn geboren.

The landscape architect Peter Joseph Lenné was born in Bonn in 1789.

L'architecte paysagiste Peter Joseph Lenné est né à Bonn en 1789.

Die Bad Godesberger Redoute schuf der Baumeister Michael Leydel ab 1790 im Auftrag des Habsburger Kurfürsten Max Franz, des jüngsten Sohnes der Kaiserin Maria Theresia, als Haus für Bälle, Konzerte und Vergnügungen. Das Gebäude blieb bis heute glanzvoller Mittelpunkt des gesellschaftlichen und künstlerischen Lebens in Bad Godesberg und damit auch für Bonn. Kolorierte Radierung von Johann Ziegler nach Laurenz Janscha, 1798.

The Redoute in Bad Godesberg, built since 1790, was designed by the architect Michael Leydel and commissioned by the Habsburg Elector Max Franz, the youngest son of Empress Maria Theresia, as a venue for balls, concerts and entertainments. The site is still a magnificent hub of social and artistic life in Bad Godesberg and thus for Bonn. Coloured engraving by Johann Ziegler, 1798, after Laurenz Janscha.

La Redoute de Bad Godesberg fut érigée depuis 1790 par l'architecte Michael Leydel sur commande du prince-électeur de Habsbourg Max Franz, le fils cadet de l'impératrice Marie-Thérèse, pour servir de salle de bal, de concerts et de distractions. Cet édifice est resté jusqu'à nos jours un centre brillant de la vie sociale et artistique de Bad Godesberg et par là même de Bonn. Gravure polychrome de Johann Ziegler d'après Laurenz Janscha, 1798.

Die Anmut der Redoute, des seit 1790 entstandenen früheren Vergnügungs- und Ballhauses der Kurfürsten in Bad Godesberg, erinnert an die Beteiligung der österreichischen Habsburger an der kurkölnischen Geschichte. Die Redoute ist ein Schmuckstück für die gesamte Stadt. Sie verkörpert Anmut und Würde, vor allem im Kontrast zu dem in ihrer Nähe befindlichen Neu-Godesberger Stadtzentrum am Fuße der Godesburg.

The charming Redoute in Bad Godesberg, built since 1790 as a ballroom and pleasure dome for the electors, is a reminder of the Austrian Habsburg link with the history of the electors of Cologne. The Redoute is a showpiece for the whole of Bonn, the essence of grace and dignity, above all in contrast to the nearby new Godesberg town centre at the foot of the Godesburg.

Le charme de la Redoute, l'ancienne salle des fêtes et de danse des princes-électeurs construite depuis 1790, rappelle la participation de la maison des Habsbourg d'Autriche à l'histoire des princes-électeurs de Cologne. La Redoute est un véritable joyau pour toute la ville. Elle incarne grâce et dignité, surtout par contraste avec le nouveau centre-ville de Godesberg qui se trouve tout près, au pied du Godesburg.

In Bonn sind schon manche die Treppe hinauf- und vielleicht noch mehr die Treppe hinuntergefallen. In den Traditionslokalen wie dem „Treppchen" in der Weberstraße werden auch solche Geschichten erzählt. Früher trafen sich in den Bonner Wirtschaften noch mehr Menschen aus der städtischen Stadt und der Stadt des Bundes. Wer diese Mischungen nicht erlebt hat, kennt das doppelgesichtige Bonn nicht. Abgeordnete, die dieses so nahe und für andere so ferne Bonn aufsuchten, teilen übrigens nicht das Vorurteil, Bonn sei „abgehoben" oder „weltfremd".

Many have landed at the top of the stairs in Bonn, and perhaps even more have fallen down. Historic restaurants such as the Treppchen in Weberstrasse are where such stories are related. In the old days local hostelries were the scene of even more mingling between the people of Bonn the city and Bonn the federal capital. Anyone who has not experienced it is not acquainted with the two faces of Bonn. Incidentally, those members of parliament who have discovered this Bonn, so near and yet so far for others, are not among the people who deride Bonn as "remote" or "ignorant of the world."

A Bonn, nombre sont ceux qui ont déjà monté en flèche les marches de l'échelle sociale et peut-être plus nombreux encore ceux qui sont tombés en les descendant. Dans les tavernes typiques comme par exemple le «Treppchen» (le petit escalier) dans la Weberstraße, on se raconte ces histoires. Autrefois, ces tavernes bonnoises étaient le lieu de rencontre d'un grand nombre de personnes venues de la ville citadine et de la ville fédérale. Celui qui n'a pas vécu ces mélanges, ne connaît pas les deux visages de Bonn. Les députés qui ont visité ce Bonn si proche et pour d'autres si lointain ne sont pas de ceux qui critiquent Bonn, la qualifiant de «lointaine» ou «d'irréaliste».

Ein besonderer Ortsgeist, ein lächelnder und wissender Genius loci durchzieht die Bonner Gemüter, der die Rheinländer mit den Preußen, wenigstens viele von ihnen, versöhnte. Nicht wenige waren stolz auf die Königshusaren oder die in Oberkassel wohnenden und in Bonn studierenden preußischen Prinzen.

Bonn und Godesberg waren zu Pensionopoleis der Begüterten geworden. Noble Hotels erlebten in den 1930er Jahren Vorahnungen der künftigen Hauptstadtrolle. Hätten aber die Regierung oder das Parlament 1949 von den Bauwerken Besitz ergriffen, die Universität aus ihrem kurfürstlichen Palais vertrieben und sie irgendwohin in die Rheinauen gesetzt, dann wäre diese vermutlich nur noch eine von vielen deutschen „Reformuniversitäten".

Der Genius loci? Der Geist des Ortes? Er läßt sich am leichtesten anekdotisch beschreiben oder mit dem Hang zur Relativierung des Dramatischen definieren. Als beim Professor August Wilhelm Schlegel (1767–1845) im vorigen Jahrhundert zuerst ein Diener erschien, um auf dem Pult Kerzen aufzustellen, bevor der Gelehrte nach wirkungsvoller Pause und mit weißen Handschuhen seine Vorlesung begann, holten eines Tages die Studenten dies ganze Gehabe auf die Erde zurück. Heinrich Heine (1797–1856) hatte es als Bonner Student erlebt und später in eines seiner Werke einfließen lassen: Eines Tages zogen die jüngeren Mitglieder der Korporationen ein, die „Leibfüchse", entzündeten auf jedem Studentenplatz eine Kerze und legten die Kolleghefte nieder. Diese Szene bedeutete gleiches Recht für alle. Die Freiheit der sich gleich Fühlenden ist Chuzpe und Charme einer rheinischen Liberalität und Egalität.

Und die Friedfertigkeit der Fraternität gehört dazu. Als die Amerikaner 1945 Bonn besetzten, erkannte ein Offizier den Charakter der Bonner, die auch während der Salven gegen das noch von der deutschen Wehrmacht gehaltene Siebengebirge zwischen den GIs spazierengingen, etwa so wie Goethe die gelassenen Bürger von Hochheim bei der Kanonade gegen das damals französisch-republikanische Mainz beschrieben hatte. Deshalb zogen Amerikaner Seile und schrieben auf Warnschilder: „Während des Feuergefechts darf die Anlage nicht betreten werden."

Bevor die Amerikaner kamen, hatte Bonn schwere Zerstörungen aus der Luft erleiden müssen, zuletzt beim Bombenangriff am 10. Oktober 1944. Danach konnten die Bonner erst recht ihre Vorfahren verstehen, die während des Spanischen Erbfolgekriegs (1701–1713/14) die niederländischen und spanischen Belagerer bestachen, um ihre Stadt vor der drohenden Zerstörung zu bewahren. Dies Schicksal war ihnen noch aus dem Jahre 1689 in frischer Erinnerung, als der brandenburgische Kurfürst Friedrich III. die damals von den Franzosen gehaltene Stadt hatte zusammenschießen lassen. Danach muß es ähnlich ausgesehen haben wie 1944. Kein Wunder, daß Bonn bis heute sehr friedliebend geblieben ist. Erstickt dieser Geist Bonns Fähigkeit zu Aggression und Revolution schon im Keim? Anders als in anderen Städten ist hier bisher kaum eine Demonstration in Gewalttätigkeit ausgeartet, auch nicht die größten der Nachkriegsgeschichte, die gegen die Notstandsgesetzgebung und die der Friedensbewegung auf der Hofgartenwiese gegen den Nato-Doppelbeschluß, der die Abrüstung der Sowjetunion durch Nachrüstung erzwingen wollte.

Menschen, die wie der Publizist und Schriftsteller Walter Dirks (1901–91) nach 1945 auf einen „Neubau", nicht auf den „Wiederaufbau" hofften, nannten dies den Geist der Restauration. Aber gibt es wirklich nur entweder Revolution oder Restauration? Gab nicht gerade Bonn Beispiele für die Möglichkeiten des dritten Weges, den der zähen politischen Arbeit auf demokrati-

Heinrich Heine, der große Dichter der deutschen Zerrissenheit zwischen Romantik und Ironie, zwischen Judentum und Christentum, absolvierte einen Teil seines Jurastudiums an der Bonner Universität.

Heinrich Heine, the great poet of Germany's inner conflict between Romanticism and irony, between Judaism and Christianity, spent some time studying law at Bonn University.

Heinrich Heine, grand poète allemand partagé entre romantisme et ironie, entre judaïsme et christianisme, fit une partie de ses études de droit à l'université de Bonn.

A special spirit of the city, a smiling, knowing genius loci, permeates the Bonn temperament, a spirit that reconciled the Rhinelanders with the Prussians, or certainly with many of them. Not a few Bonn people were proud of the Royal Hussars or of the Prussian princes who lived in Oberkassel and studied in Bonn. In the 1930s, grand hotels provided a foretaste of what the city's future role as a capital city might be like. Yet if the government or parliament had requisitioned them in 1949, taking over the university's electoral palace building and sending the university to somewhere in the Rheinauen, the open spaces of parkland by the Rhine, Bonn would probably just have been one of many "reform universities" on purpose-built campuses.

As for the genius loci, the spirit of the place, it is easiest to define in terms of anecdotes or of the inclination to relativise the dramatic. When, in the nineteenth century, lectures given by Professor August Wilhelm von Schlegel, 1767–1845, began with a servant lighting candles on the lectern before the scholar, after an effective interval, appeared wearing white gloves to start his lecture, Bonn University students decided to make a mockery of the proceedings and bring him back down to earth. Heinrich Heine, 1797–1856, saw it happen as a student there himself and later described the episode in one of his works. One day the young assistants of full members of the student corporations arrived on the scene and lit a candle on every desk, placing the student's notebooks in position. This gesture was intended to mean equal rights for all. This freedom, taken by students who felt they were the academic staff's equals, testifies to the chutzpah and charm of the Rhenish sense of liberalism and equality.

The peaceableness of the people of Bonn is a further keynote quality. When the Americans occupied the city in 1945, a US officer was quick to note the character of the locals, who went about their errands among the GIs even while gunfire was still being exchanged with Wehrmacht units in the Siebengebirge area on the other side of the river. It was a scene that had much in common with the imperturbability of the burghers of Hochheim as described by Goethe going about their day-to-day business while neighbouring French-held republican Mainz was still under

fire. That was why the Americans cordoned off the area under fire with ropes and put up warning signs saying: "Please do not cross this line while fire is being exchanged."
Before the Americans came, Bonn suffered severe air raid damage, the last occasion having been on 10 October 1944. After that, the people of Bonn will have been even better able to understand why their forefathers had bribed both the Dutch and the Spanish besiegers not to destroy the town during the Wars of the Spanish Succession, 1701–1713/14. They still had vivid memories of what had happened in 1689 when Electoral Prince Friedrich III of Brandenburg had French-held Bonn bombarded. It must afterwards have looked much the same as in 1944. Small

Als 1945 die alte Bonner Stadtbrücke in Trümmern lag, ahnte noch niemand, daß von hier aus der Aufbau eines demokratischen Staates gelingen sollte.

When the old town bridge across the Rhine lay in ruins in 1945, no-one will have yet imagined that a democratic German state was to take shape in Bonn.

Lorsqu'en 1945 l'ancien pont de la ville de Bonn fut réduit à néant, personne ne pouvait encore deviner que c'est à partir d'ici qu'allait se faire la construction d'un état démocratique.

Un génie du lieu particulier, un genius loci souriant et plein de sagesse pénètre les esprits de Bonn et réconcilie les Rhénans et les Prussiens ou, tout du moins, nombre d'entre eux. Beaucoup étaient fiers des hussards du roi ou des princes prussiens qui habitaient à Oberkassel et faisaient leurs études à Bonn. Bonn et Godesberg étaient devenues des cités pour pensionnaires fortunés. C'est au cours des années 30 que les hôtels de luxe purent avoir un avant-goût de ce qu'allait être le futur rôle de capitale. Mais si le gouvernement ou le parlement s'étaient emparé en 1949 des monuments historiques, s'ils avaient chassé l'université du Palais des Electeurs et l'avaient installée quelque part dans la vallée du Rhin, elle ne serait certainement plus maintenant que l'une des nombreuses «universités réformées» de l'Allemagne.
Genius loci? L'esprit du lieu? Le plus facile est de le décrire en racontant une anecdote et le définir par la tendance à la relativisation du dramatique. Lorsque, un jour du siècle dernier, un serviteur apparut chez le professeur August Wilhelm Schlegel (1767–1845) pour placer tout d'abord des bougies sur la chaire et que ce lettré, ganté de blanc et après s'être octroyé un temps de pause très remarqué, commença son cours, les étudiants mirent fin à toute cette préciosité. Heinrich Heine (1797–1856) avait vécu cette scène alors qu'il étudiait à Bonn et l'avait glissée dans l'une de ces œuvres: un jour, les «Leibfüchse», ces étudiants des premiers semestres qui se mettent sous la conduite d'anciens étudiants membres de corporations, entrèrent, allumèrent une bougie sur chaque siège et déposèrent leurs cahiers. Cette scène signifiait l'égalité des droits. Le charme et l'audace de la générosité et de l'égalité rhénanes est la liberté que prennent ceux qui se sentent égaux.
Et l'esprit pacifique et fraternel en fait partie. Lors de l'occupation de Bonn par les Américains en 1945, un officier reconnut le caractère des Bonnois qui se promenaient au milieu des forces armées américaines sous les tirs dirigés contre la Wehrmacht qui occupait encore le massif des Sept Montagnes un peu comme Goethe avait décrit la placidité des citoyens de Hochheim sous les projectiles de canon lancés contre la ville de Mayence alors française et républicaine. C'est pourquoi les Américains tendirent des fils auxquels ils accrochèrent des panneaux où était inscrit: «défense de pénétrer dans les installations pendant le combat.»
Avant l'arrivée des Américains, Bonn avait subi des attaques aériennes dévastatrices dont la dernière le 10 octobre 1944. Les Bonnois purent, à partir de là, comprendre encore mieux leurs ancêtres qui, pendant la guerre de succession espagnole (1701–1713/14) soudoyèrent les assiégeants néerlandais et espagnols pour sauvegarder leur ville. Ils n'avaient pas encore oublié ce qu'il était advenu en 1689 lorsque Frédéric III, prince-électeur de Brandebourg, avait fait détruire la ville alors aux mains des Français à coups de mortier. Après, cela avait dû être le même désastre qu'en 1944. Rien d'étonnant à ce que Bonn aspire jusqu'à ce jour à la paix. Cet «esprit de Bonn» n'étouffe-t-il pas dans l'œuf sa propension à être agressive et révolutionnaire? Contrairement à ce qui se passe dans d'autres grandes villes, pratiquement aucune manifestation n'a dégénéré en violence, même pas lors des plus grandes manifestations de l'après-guerre, celles contre les lois d'exception et celles du «mouvement pacifiste» sur les pelouses du «Hofgarten» protestant contre la décision de l'OTAN de vouloir obtenir au forcing le désarmement de l'ancienne Union Soviétique par une augmentation de son potentiel militaire.
Ceux qui, comme Walter Dirks (1901–91), essayiste et écrivain, mettaient tout leur espoir dans une «nouvelle construction» et non pas dans une «reconstruction», parlaient alors de l'esprit de la restauration. Mais n'y-a-t-il vraiment que la révolution ou la restauration? Bonn ne fut-elle pas celle qui prouva qu'il était possible de suivre une troisième voie, celle d'un travail politique opiniâtre sur une base démocratique? Que leurs grands mots-clés soient économie de marché sociale ou politique de réforme, action concertée ou commission mixte paritaire. C'est justement avec la Perestroika de Mikhail Gorbatchev (né 1931) qui prit fin avec l'effondrement de nombreux systèmes communistes qu'a été démontrée la force de cette politique de la 3ème voie et que Ludwig Erhard devint dans l'ancienne Union Soviétique, avec son livre «Prospérité pour tous» (1957) un auteur de best-seller.
Bonn la fédérale partage aussi le sort des plus anciennes métropoles du monde: une capitale ne recueille pas seulement la gloire mais encourt aus-

Bonn im März 1945: Auch an der Kreuzung vor der Bonngasse hatten die Bomben der Alliierten die Stadt schwer getroffen.

Bonn in March 1945: Allied bombs had done the city serious damage here at the crossroads before Bonngasse.

Bonn en mars 1945: les maisons situées au croisement qui précède la Bonngasse avaient, elles aussi, été très touchées par les bombes des Alliés.

scher Basis? Ob ihre alltäglichen Schlagworte nun soziale Marktwirtschaft oder Reformpolitik heißen, konzertierte Aktion oder Vermittlungsausschuß. Gerade bei der Perestroika von Michail Gorbatschow (geb. 1931), die mit dem Zusammenbruch vieler kommunistischer Systeme endete, hat sich die Kraft dieser Politik des dritten Wegs erwiesen. Ludwig Erhard war mit seinem Buch „Wohlstand für alle" (1957) ein neuer Bestseller-Autor in der ehemaligen Sowjetunion geworden.

Auch Bundes-Bonn teilt das Los der älteren Hauptstädte der Welt: Es gibt nicht nur den Hauptstadtruhm, sondern auch die Hauptstadtschelte. Bonn hat in seinem Bundesdasein schon manches Schimpfwort einstecken und manche verunzierende Metapher hinnehmen müssen. Es ertrug und es erträgt dies im allgemeinen mit der Gelassenheit, die eine über zweitausendjährige Geschichte bewirkt. Dennoch bleiben Selbstzweifel. Aber die haben die Bonner mit allen Deutschen gemein.

Auf der zum Markt führenden Sternstraße mit ihren vielen Geschäften herrscht stets ein lebhaftes Treiben.

Brisk activity on shop-lined Sternstrasse, which leads to the Markt.

La Sternstraße qui mène au marché, est, avec ses nombreux magasins, une rue très animée.

Mit dem Attribut Provinz kann Bonn übrigens gut zurechtkommen. Denn es ist für die historische Natur Deutschlands im allgemeinen und Westdeutschlands im besonderen eine angemessene Bundeshauptstadt gewesen. Schließlich wurde Deutschland in seiner Geschichte von vielen Zentren geprägt. Hier hat nie eine mächtige Zentrale wie in Paris die anderen Städte überstrahlt und sie zur Provinz degradiert. Deutschland war von vielen Städten her geordnet, hatte viele Haupt- und Residenzstädte. Und Bonn ist keineswegs die geringste unter den deutschen „Fürstenstädten". Neben der Bonn-Schelte ist also durchaus Bonn-Lob möglich.

Bonn blieb alles in allem eine überschaubare Bundeshauptstadt und ist nicht nur wegen der Zeugnisse seiner Geschichte eine Reise wert: Mit 29 Kilometer Länge an beiden Ufern ist die Bonner Rheinpromenade die längste am größten mitteleuropäischen Strom. Bonn ist die Stadt mit der größten geschlossenen Fußgängerzone, Oper und Theater können bei anspruchsvollem Niveau hervorragende Zuschauerzahlen verzeichnen. Alle zwei Jahre werden originale Aufführungen aus ganz Europa nach Bonn zur „Biennale" eingeladen. Und auch Kabarett und Privattheater haben längst Bonns Ruf widerlegt, daß es so ruhig sei wie der Chicagoer Friedhof, lediglich kleiner. Der römischen Ahnenschaft entsprechend, verfügt Bonn über die vergleichsweise größte Schwimmbadfläche, und wegen der Rheinaue, des Hofgartens, des Godesberger Stadtparks, des Kottenforsts und des Siebengebirges ist es zugleich der grünste Parlamentssitz Europas.

In den nächsten Jahren wird sich herausstellen, ob der Publizist und Bonnkenner Johannes Gross recht hatte: „Berlin ist ohne Regierung verarmt und abgesunken, Bonn ist mit der Regierung Bonn geblieben und bleibt Bonn nach ihrem Abschied."

wonder that Bonn has remained extremely peace-loving to this day. Could it be that this spirit of Bonn's nips in the bud the facility for aggression and revolution? Unlike in other cities, few if any demonstrations held in Bonn have ever involved violence, not even the largest post-war demonstrations against emergency powers or by the peace movement on the Hofgartenwiese against Nato's twin-track resolution both to locate cruise missiles in Germany and elsewhere and to impress upon the Soviet Union the need for disarmament talks.

Some people, who like the writer and journalist Walter Dirks, 1901–91, were hoping for a fresh start rather than reconstruction after 1945, called this the spirit of restoration. But is the choice really only ever between revolution and restoration? Does not Bonn in particular provide examples of the possibility of a third approach, that of relentless political activity on the basis of democracy? Political activity going by everyday slogans such as social market economy or reform policy, concerted action or the mediation committee. In the era of perestroika, ushered in by Mikhail Gorbachov, born in 1931, and ending in the collapse of many communist systems, the power of this third road was demonstrated when Ludwig Erhard's 1957 book "Wohlstand für alle" (Prosperity for All) became a bestseller in the former Soviet Union.

Bonn, of course, shares with older capitals around the world both the fame of being a capital and the opprobrium of the capital city's critics. As Germany's federal capital Bonn has often come under critical fire and been at the receiving end of unpleasant epithets. It has borne this burden, and for the most part continues to do so, with the imperturbability that it has learnt in over 2,000 years of history. And although self-doubt remains, Bonn shares it with Germans everywhere.

Bonn, by the way, has no difficulty in living with being called provincial. For the historical nature of Germany in general and of West Germany in particular, Bonn has been a most appropriate federal capital. Historically, Germany has been influenced by many centres. It has never had a single powerful centre such as Paris that has overshadowed all other cities, reducing them to provincial status. Germany has been governed from many cities and boasts a plethora of capitals and seats of government, and Bonn is by no means the meanest among Germany's "princely cities." So the accusation of being provincial could just as easily be taken as praise.

All in all, Bonn has remained a federal capital of which it is possible to keep track. It is well worth visiting, and not just for its historic monuments. Its Rheinpromenade, 29 kilometres long and on both banks of the Rhine, is the longest of its kind on Central Europe's longest river. Bonn is the city with the largest pedestrian precinct in Germany and the best attendance at high-brow opera house and theatre performances. Every other year it hosts a biennale featuring original opera and drama from all over Europe. And Bonn's cabaret and private theatres have likewise long disproved the city's reputation for being as quiet as Chicago's cemetery, but smaller. In keeping with its Roman past, Bonn boasts the largest surface area of swimming baths in relation to its size, and what with the Rheinauen, the Hofgarten, Godesberg Stadtpark, the Kottenforst and the Siebengebirge, it is also Europe's greenest capital.

The years ahead will show whether the writer and Bonn expert Johannes Gross was right when he said: "Berlin grew poor and went into decline when it ceased to be the seat of government. Bonn as the seat of government has remained true to itself and will continue to do so once the government has left."

Die Bundesgartenschau in der Rheinaue hinterließ ein bleibendes Geschenk für Bonn und seine Gäste. Damals wurde dort der Japanische Garten angelegt.

The Federal Garden Show in the Rheinaue meadows bequeathed Bonn and its visitors a lasting gift. The Japanese Garden was laid out as part of the show.

Les floralies organisées sur les berges du Rhin laissèrent à Bonn et à ses invités un cadeau durable. C'est en effet à cette occasion que fut aménagé le jardin japonais.

si le blâme. Dans sa vie de capitale, Bonn a déjà dû encaisser plus d'un gros mot et essuyer plus d'une métaphore ternissant son éclat. Elle l'a supporté et le supporte en général avec le calme qui caractérise une histoire plus que bimillénaire. Il reste cependant des doutes. Mais c'est là un trait commun à tous les Allemands.

Bonn peut d'ailleurs très bien s'accommoder de ce qualificatif de provinciale. Car elle a été dans l'histoire de l'Allemagne en général et celle de l'Allemagne de l'ouest en particulier une capitale fédérale qui a su jouer le rôle qui lui était assigné. Après tout, l'histoire de l'Allemagne a été marquée par l'existence de nombreux centres. Il n'y a jamais eu ici de centre puissant comme Paris qui éclipse les autres villes et les dégrade au rang de province. L'Allemagne est structurée autour de plusieurs villes, a de nombreuses métropoles et de nombreuses capitales. Et l'importance de Bonn comparée aux «villes princières» de l'Allemagne, n'est certainement pas des moindres. Bonn peut tout aussi bien faire l'objet de compliments que de critiques.

Dans l'ensemble, Bonn est restée une capitale fédérale de taille modeste qui vaut le voyage et pas seulement en raison de son patrimoine historique: à Bonn, la promenade le long du Rhin, avec ses 29 kilomètres sur les deux rives, est la plus longue promenade sur les berges de ce fleuve le plus important d'Europe centrale. Bonn a la plus grande zône piétonnière d'un seul tenant et l'une des meilleures cotes de succès pour l'opéra et le théâtre, avec un programme de haut niveau. Tous les deux ans, dans le cadre de la biennale, Bonn fait venir des spectacle inédits de toute l'Europe. Et c'est aussi grâce aux cafés-théâtres et aux petits théâtres que la réputation de Bonn selon laquelle elle serait aussi calme que le cimetière de Chicago, mais juste plus petite, a pu être réfutée depuis longtemps. Comme il se doit pour une descendante de la lignée romaine, Bonn dispose d'une superficie de piscine qui compte parmi les plus grandes et est, avec le Parc du Rheinaue, le «Hofgarten», le parc municipal de Godesberg, la forêt du «Kottenforst» et le massif des «Sept Montagnes», la ville parlementaire la plus verte d'Europe.

C'est au cours des années suivantes que l'on pourra reconnaître si Johannes Gross, essayiste et grand connaisseur de Bonn, avait raison lorsqu'il prétendait: «sans gouvernement, Berlin s'est appauvrie et a perdu de sa valeur, avec le gouvernement, Bonn est restée Bonn et reste Bonn après son départ.»

Alleenstimmung im Hofgarten. Wer allein ist, muß es hier nicht lange bleiben. Der Park ist Treffpunkt nicht nur für Studenten und junge Familien.

Tree-lined paths in the Hofgarten. If you are on your own here you need not be alone for long. The park is a meeting-place not only for students and young families.

Les allées du Hofgarten. Ici, celui qui est seul ne le reste pas longtemps. Le parc est un lieu de rencontre apprécié, entre autres, des étudiants et des jeunes familles.

POSTAM
latz

Ludwig van Beethoven, der größte Sohn der Stadt, selbst in Gestalt eines Denkmals wie er leibt und lebt. Als es 1845 enthüllt wurde, kehrte er der adeligen Prominenz vor dem Palais Fürstenberg, der heutigen Hauptpost, den Rücken zu, so wie er einst in Karlsbad der kaiserlichen Familie erhobenen Hauptes begegnet sein soll, während Goethe sich verneigte. Als 1991 der Umzugsbeschluß zum Schmerz der Bonner erging, trug Beethoven ein weißes Gewand mit der Aufschrift: „Loß se all jon, ich bliev he“ (Laß sie alle gehen, ich bleibe hier).

Bonn's greatest son Ludwig van Beethoven, as large as life in the form of a monument. When the statue was unveiled in 1845, Beethoven's back was turned on the nobility outside the Palais Fürstenberg, now the main post office. After all, this was the composer who is said to have met the imperial family in Karlovy Vary with head erect, while Goethe bowed. In 1991, when the government decided, to the disappointment of Bonners, to move to Berlin, Beethoven wore a white robe on which was written in local dialect, "Let them all go, I'm staying here."

Ludwig van Beethoven, le plus grand fils de la ville, est toujours lui-même, même sous forme d'un monument. Lorsque celui-ci a été dévoilé en 1845, il tournait le dos aux grands de la noblesse devant le palais Fürstenberg, l'actuelle poste centrale, de même qu'il aurait, autrefois, à Karlsbad, abordé la famille impériale la tête haute alors que Goethe lui s'inclinait. Lorsque, en 1991, à la grande douleur des Bonnois, le déménagement fut décidé, Beethoven fut recouvert d'un drap blanc qui portait l'inscription: «Ils peuvent tous partir, je reste ici.»

Wegen ihres Niveaus wird die Bonner Oper auch „Scala am Rhein" genannt. 1965 ursprünglich als Stadttheater gebaut, bietet sie beinahe 1000 Zuschauern Platz. Intendanten wie Jean Claude Riber, Gian-Carlo del Monaco und nun Manfred Beilharz garantieren den Erfolg, der auch daher rührt, daß der Bund an seinem Sitz hohe Kultur fördern will und dies auch künftig mit einem besonderen Vertrag der Bundesstadt Bonn in Aussicht stellt.

The Bonn Opera is sometimes referred to as "La Scala on the Rhine," an indication of its quality. Originally built in 1965 as the municipal theatre, it has space for an audience of almost 1,000. Directors such as Jean Claude Riber, Gian-Carlo del Monaco and latterly Manfred Beilharz are a guarantee of success, aided by the fact that the federal government is keen to promote a high level of culture in its capital, and has promised to continue its support in future by way of a special arrangement with Bonn, the federal city.

La qualité de ses représentations a valu à l'opéra de Bonn la dénomination de Scala du Rhin. Construit en 1965 comme théâtre municipal, il dispose de près de 1000 places. Des directeurs comme Jean Claude Riber, Gian-Carlo del Monaco et maintenant Manfred Beilharz sont les garants d'un succès qui provient aussi de ce que le gouvernement fédéral veut, dans sa capitale, encourager une culture de haut niveau et a prévu de poursuivre cette politique dans le cadre d'un contrat spécial passé avec Bonn, la ville fédérale.

Vor der Einführung der fünfstelligen Postleitzahlen 1993 verrieten die Bezeichnungen Bonn 1, Bonn 2, Bonn 3 viel von der Struktur dieser Stadt. Ein einst 1948/49 aus Berlin und Frankfurt am Main nach Bonn gekommener Korrespondent spottete: „1, 2, 3 – an Bonn fließt selbst der Rhein vorbei." Später hat er seine Meinung geändert.
Mit Vorurteilen mußte nicht nur das „Bundesdorf" lange leben, sondern auch Bonn 3, die früher selbständige Stadt Beuel. Bad Godesberg dagegen, Bonn 2 – beide Städte wurden 1969 mit Bonn zusammengeschlossen –, sonnte sich lange im Abglanz der Kurfürsten und später der Diplomaten. Heute ist es beinahe umgekehrt. Beuel ist längst nicht mehr die „schlechtere Seite", die „schäl Sick", es ist die Sonnenseite von Bonn mit einer hervorragenden Struktur und zukunftsträchtigen Unternehmungen. Auf einer Fläche von rund 33 Quadratkilometern vom Siebengebirge im Süden bis zur Siegmündung im Norden leben fast 60 000 Menschen in den 19 Ortsteilen. Beuel ist geprägt durch sein reiches kulturelles Leben, durch viele Vereine und eine ausgelassene Weiberfastnacht, bei der am Donnerstag vor Rosenmontag die Nachfahrinnen der selbstbewußten Waschweiber die Herrschaft übernehmen.
Im Süden beginnt Beuel mit der früheren Kleinstadt Oberkassel, in der manche Hohenzollernprinzen lebten, als sie in Bonn studierten. Im Norden liegen Schwarzrheindorf, Vilich und Pützchen. Pützchen ist nicht nur wegen der größten Kirmes des Rheinlandes bekannt, sondern ebenso wegen einer heilbringenden Quelle und der Verehrung der St. Adelheid, der auch die Stiftskirche in Vilich geweiht ist. Schwarzrheindorf lohnt allein schon wegen der Doppelkirche St. Clemens einen Besuch. Farbenfroh im Äußeren wie Inneren zeigt sie unter anderem einmalig schöne mittelalterliche Fresken mit heilgeschichtlichen Motiven.
Und Bad Godesberg? Es will wieder seinen Rang als Stadt der Gesundheit gewinnen und ist schon heute ein Ort mit einer hervorragenden Ärzteschaft und hochspezialisierten Kliniken, deren Leistungen gerne von Patienten aus der arabischen Welt in Anspruch genommen werden. Saudi-Arabien hat hier die König-Fahd-Akademie eröffnet. Die Chinesen wollen die Gebäude ihrer Botschaft nach deren Umzug nach Berlin in ein Zentrum ihrer traditionellen Heilkunst verwandeln. Die Villen, in denen bis zum Umzug nach Berlin die Diplomaten residieren, werden nicht leer bleiben.
Auch Bad Godesberg – mit einer Gesamtfläche von 32 Quadratkilometern und über 66 000 Einwohnern – hat frühere Dörfer eingemeindet. Vom fränkischen Muffendorf bis nach Plittersdorf, dessen amerikanische Siedlung Nachkriegsgeschichte verkörpert, Mehlem, Rüngsdorf, Friesdorf und Lannesdorf.
Bonn 1, 2, 3 – das ist Geheimnis und Charme seiner Struktur.
Ein besonderes Leben führt der Hardtberg, heute ein eigener Stadtbezirk mit vielen modernen Wohnungen rund um die Hardthöhe, die Sitz des Verteidigungsministeriums ist. Auch hier finden sich ehemalige Dörfer wie etwa das alte Amt Duisdorf.

Oben links: Gaststätte „Bahnhöfchen" in Beuel

Above left: The "Bahnhöfchen," or "Little Railway Station," restaurant in Beuel

En haut, à gauche: le restaurant «Bahnhöfchen» (la petite gare) à Beuel

Mitte: Die Doppelkirche von Schwarzrheindorf

Centre: The double church in Schwarzrheindorf

Au centre: la double église de Schwarzrheindorf

Before five-digit postcodes were introduced in 1993, the postal districts Bonn 1, 2 and 3 told you all there was to know about the town's structure. A journalist who came there from Berlin and Frankfurt am Main in 1948/49 made up a mocking couplet which rhymes in German: "1, 2, 3 – even the Rhine bypasses Bonn." He later changed his mind.
It is not only the "federal village" which has had to live a long time with prejudice, but also Bonn 3, the former separate town of Beuel. In contrast, for a long time Bad Godesberg – which along with Beuel became part of Bonn in 1969 – basked in the reflection of electoral princes, and later diplomats. Now the reverse is almost the case. An excellent structure and forward-looking companies have long transformed Beuel from the "schäl Sick" or "bad side" to the best side of Bonn. In an approximately 33-square-kilometre area stretching from the Siebengebirge in the south to where the River Sieg flows into the Rhine in the north, almost 60,000 people live in its 19 districts. The highlights of Beuel include a rich cultural life, many associations and on the Thursday preceding Carnival Monday, a boisterous Weiberfastnacht, when descendants of the self-confident washerwomen rule the roost.
In the south, Beuel begins with the former small town of Oberkassel, the home of several Hohenzollern princes during their studies in Bonn. To the north lie Schwarzrheindorf, Vilich and Pützchen. Pützchen is known not just for the Rhineland's largest funfair but also for a healing spring and for worshipping St Adelheid, to whom the collegiate church in Vilich is also dedicated.

Oben rechts: Kommende Ramersdorf am Aufstieg zum Ennert

Above right: Kommende Ramersdorf on the road up to the Ennert

En haut à droite: la commende de Ramersdorf sur le chemin qui mène au mont Ennert

Schwarzrheindorf is worth a visit for the double church of St Clemens alone. Colourful both outside and in, the church's highlights include beautiful frescoes illustrating the mediaeval interpretation of God's saving grace.
And Bad Godesberg? It aims to gain its status as a health resort and even now boasts an outstanding array of doctors and highly-specialised clinics, the services of which are favoured by patients from the Arab world. Saudi Arabia has opened the King Fahd Academy here, while the Chinese are planning to turn their embassy building into a centre of traditional Chinese medicine after the move to Berlin. The villas which will continue to house diplomats until the move to Berlin will not remain empty.
With a total area of 32 square kilometres and more than 66,000 residents, Bad Godesberg, too, incorporates former villages, ranging from Franconian Muffendorf to Plittersdorf with its American settlement which embodies post-war history, not forgetting Mehlem, Rüngsdorf, Friesdorf and Lannesdorf.
Bonn 1, 2 and 3 is both the secret and the charm of the city's structure. The Hardtberg area, now a separate part of town with many modern apartments around the Hardthöhe, seat of the defence ministry, leads a very special life. Here too you will find former villages such as Duisdorf.

Oben links: Weingut Sülz in Oberdollendorf

Above left: Sülz vineyard in Oberdollendorf

En haut à gauche: les vignobles de Sülz à Oberdollendorf.

Avant la mise en place du code postal à cinq chiffres en 1993, la répartition de Bonn en Bonn 1, Bonn 2, Bonn 3, en disait long sur la structure de cette ville. Un correspondant venu un jour de l'an 1948 ou 1949 de Berlin et Francfort-sur-le-Main se moquait ainsi de Bonn: «1,2,3 – même le Rhin ne côtoie pas cet endroit». Par la suite, il a changé d'avis.
Il n'y a pas que le «village fédéral» qui fut victime des préjugés mais aussi Bonn 3, l'ancienne ville indépendante de Beuel. Bad Godesberg par contre, Bonn 2 – les deux villes furent rattachées à Bonn en 1969 – bénéficia longtemps du prestige des princes-électeurs, puis des diplomates. Aujourd'hui, c'est presque l'inverse. Cela fait longtemps que Beuel n'est plus le «côté le plus mauvais», le «schäl Sick», c'est maintenant le beau côté de Bonn avec une structure remarquable et des entreprises prometteuses. Près de 60 000 personnes, réparties sur 19 districts, vivent sur une superficie de près de 33 kilomètres carrés, du massif des «Sept Montagnes» au sud jusqu'à l'embouchure du Sieg au nord. Beuel a une grande richesse culturelle avec de nombreuses associations et une «Weiberfastnacht» (nuit de carnaval des femmes) turbulente au cours de laquelle, le jour précédant le carême, les descendantes des lavandières, très sûres d'elles, s'emparent du pouvoir.
Beuel débute au sud avec l'ancienne petite ville d'Oberkassel où vécurent nombre des princes de la famille des Hohenzollern alors qu'ils faisaient leurs études à Bonn. Au Nord, s'étendent Schwarzrheindorf, Vilich et Pützchen. Pützchen n'est pas connu seulement pour sa kermesse, la plus importante de Rhénanie, mais aussi pour sa source bénéfique et pour la vénération de Ste Adélaide à qui est consacrée aussi la chapelle de Vilich. Schwarzrheindorf vaut elle aussi un détour, ne serait-ce que pour visiter la «double église» St. Clément. Très colorée de l'intérieur comme de l'extérieur, elle présente entre autre des fresques d'une incomparable beauté portant sur l'Histoire Sainte du Moyen Âge.
Et Bad Godesberg? Elle veut reconquérir son rang de ville de la santé et dispose déjà d'un corps médical remarquable et de cliniques très spécialisées fort appréciées des patients du monde arabe. C'est ici que l'Arabie saoudite a créé l'Académie du roi Fahd. Les Chinois veulent, après leur départ pour Berlin, transformer les bâtiments de leur ambassade en un centre de médecine traditionnelle. Les villas dans lesquelles résident les diplomates jusqu'à leur départ pour Berlin, ne resteront pas vides.
Bad Godesberg a, elle aussi, – avec une superficie totale de 32 kilomètres carrés et plus de 66 000 habitants – annexé d'anciens villages. Du village franconien de Muffendorf jusqu'à Plittersdorf qui incarne avec sa colonie américaine l'histoire de l'après-guerre, avec Mehlem, Rüngsdorf, Friesdorf et Lannesdorf.
Bonn 1,2,3, c'est un secret et le charme de sa structure.
Le «Hardtberg», aujourd'hui un district à lui seul, mène sa propre vie, avec de nombreux appartements modernes tout autour de la Hardthöhe, le siège du ministère de la Défense. Ici aussi, on trouve d'anciens villages comme par exemple Duisdorf.

Mitte: Die Kurfürstenallee in Bad Godesberg erinnert noch immer an die einst mondäne Kurstadt.

Centre: Kurfürstenallee in Bad Godesberg still recalls what used to be an elegant spa.

Au centre: l'allée des Electeurs à Bad Godesberg, rappelle encore cette ville d'eaux autrefois si mondaine.

Oben rechts: Sankt Martin ist der Schutzherr dieser romanischen Kirche in Muffendorf bei Bad Godesberg.

Above right: St Martin is the patron saint of this Romanesque church in Muffendorf, near Bad Godesberg.

En haut à droite: Saint Martin est le patron de cette église romane située à Muffendorf près de Bad Godesberg.

Heimatmuseum Bevel

Bonn lebt mit früher selbständigen Städten wie Beuel oder den eingemeindeten Dörfern in einer malerischen Nachbarschaft. In Beuel erinnert das 1986 eröffnete Heimatmuseum in einem alten Fachwerkhaus – hier auf dem Bild – an die fränkische Beeinflussung der hiesigen Baugeschichte und an die Wirksamkeit von Vereinen. Hier hatte der Beueler Heimatverein dem vom Abriß bedrohten alten Haus in der Steinerstraße 36 einen neuen Sinn gegeben.

Bonn lives together in picturesque surroundings with formerly independent towns such as Beuel and villages incorporated into the municipality. The Heimatmuseum (Local History Museum) in Beuel was opened in 1986 in the old half-timbered building pictured here. The museum building is a reminder of the Frankish influence on local architectural history and of the effectiveness of societies. For it was the Beuel Local History Society which found a new use for this old house at Steinerstrasse 36 when it was threatened with demolition.

C'est dans un cadre pittoresque que la ville vit avec ses anciennes villes indépendantes comme Beuel ou les villages qui lui furent rattachés. A Beuel, le musée régional créé en 1986 dans une maison à colombages – que vous voyez sur la photo – rappelle l'influence franque sur l'histoire de l'architecture et l'efficacité de la vie associative. C'est en effet l'association régionale de Beuel qui a donné une nouvelle vie à cette ancienne maison menacée de démolition sise au n° 36 de la Steinerstrasse.

Die Doppelkirche von Schwarzrheindorf mit ihren im neuen Glanz erstrahlenden farbigen Wandmalereien, die zwischen 1151 und 1170 entstanden sind, ist eine königliche Kirche am Rhein – ein Höhepunkt der sakralen Architektur zwischen Köln und Mainz in der Gestalt einer doppelgeschossigen Pfalzkapelle. Die Unterkirche war dem Gefolge, das Obergeschoß dem Burgherrn vorbehalten, doch lenkten die Baumeister den Blick sämtlicher Gottesdienstbesucher auf denselben Altar.

The coloured frescos in the double church of Schwarzrheindorf, painted between 1151 and 1170, have been restored to their former glory. However, the main claim to fame of the church built in the form of a two-storeyed Palatine chapel is its status as a royal church on the Rhine. The lower church was reserved for retainers, the upper for their lords and masters, though the architects arranged for the gaze of the whole congregation to fall on the same altar.

La double église de Schwarzrheindorf avec ses fresques colorées resplendissantes d'un nouvel éclat, peintes entre 1151 et 1170, est une église royale des bords du Rhin, l'apogée de l'architecture sacrée entre Cologne et Mayence sous forme d'une chapelle palatine à deux étages. L'église supérieure était réservée au prélat, l'étage inférieur à sa suite mais les architectes ont fait en sorte que les regards de tous ceux qui assistent à la messe aillent vers le même autel.

Niederdollendorf, politisch heute wie Oberdollendorf zur Stadt Königswinter zählend, ist der nördlichste Weinbauort am Rhein, nicht nur als Ausflugsziel eng mit Bonn verflochten. Viele leben hier, während sie in Bonn arbeiten. Fachwerkhäuser und enge Gassen, die Nähe der Weinberge und des Flusses bestimmen den Charakter dieser Dörfer. Nach dem Bau einer teuren Umgehungsstraße quält sie der Durchgangsverkehr nicht mehr.

Niederdollendorf, like Oberdollendorf now politically part of Königswinter, is the northernmost Rhenish winegrowing area. It has close links with Bonn, and not just as a place for an outing. Many people live here and work in Bonn. The character of the villages is shaped by half-timbered houses, narrow streets, the nearby vineyards and the river. Thanks to a bypass built at great expense, they are no longer plagued by through traffic.

Niederdollendorf qui, comme Oberdollendorf, est aujourd'hui rattaché politiquement à la ville de Königswinter, est la région viticole la plus septentrionale des rives du Rhin et n'est pas seulement pour Bonn un but d'excursion. Nombre sont ceux qui habitent ici et travaillent à Bonn. Les maisons à colombages et les ruelles étroites, la proximité des vignobles et du fleuve font le charme de ces villages. Après la construction coûteuse d'une rocade, ils ne souffrent plus de la circulation.

Bonn liegt nicht zufällig hinter den sieben Bergen." Dieser als Häme gegen die Bundesstadt gebrauchte Satz läßt sich auch als Kompliment begreifen. Wenn man an die Umgebung der Stadt, an das Rheintal, das Vorgebirge, die Eifel, die Flüsse Ahr und Sieg oder die benachbarten Städte wie Köln oder Siegburg denkt – hinsichtlich attraktiver Ausflugsziele hat man die Qual der Wahl.

Eine schöne Tour könnte beispielsweise im Siebengebirge beginnen, das mehr als nur die sieben berühmten Berge vom Drachenfels bis zum Petersberg umfaßt, mit seinen tief eingeschnittenen Tälern, dem dramatischen Gegensatz zwischen der beginnenden niederrheinischen Tiefebene und den beinahe alpin anmutenden vulkanischen Formationen. In dieser anregenden Landschaft brachte im Kloster Heisterbach einer der bedeutendsten Erzähler des Mittelalters, der Mönch Caesarius (gest. nach 1240) seine theologischen und historischen Werke zu Pergament. Auf dem Petersberg, im früheren Hotel, dem heutigen Gästehaus der Bundesrepublik, wurde deutsche und europäische Geschichte geschrieben, erlangte der erste Bundeskanzler Konrad Adenauer bei den dort residierenden hohen Kommissaren der drei Westmächte USA, England und Frankreich die Souveränität der Bundesrepublik. In Rhöndorf züchtete er Rosen und schrieb seine Memoiren. Sein Wohnhaus und sein Garten mit Blick auf den Drachenfels sind zu besichtigen, ebenso der Drachenfels selbst mit Burgruine und romantischer Drachenburg. Man kann ihn besteigen, mit dem Esel oder mit der Zahnradbahn erreichen. Er gilt wegen seiner Beliebtheit in den Niederlanden als der „höchste Berg Hollands", obwohl er nur 321 Meter mißt. Von oben reicht der Blick über den Rhein bis nach Köln und hinüber zum Rolandsbogen bis weit in die Eifel. Hier war schon ein Steinbruch der Römer, aus diesem Fels wurde das Material für den Kölner Dom gehauen. Etwas weiter nördlich in Oberdollendorf liegt der nördlichste Weinberg am Rhein. Daneben, im Steinbruch von Oberkassel, wurden 1914 die Überreste von zwei „Urmenschen" und einem Hund gefunden. Der Mann und die Frau lebten etwa 2000 Jahre v. Chr. und waren viel ansehnlicher als der Neandertaler. Mutmaßlich stammen die heutigen Rheinländer eher von den Oberkasselern als vom Neandertaler ab.

Man könnte vom Siebengebirge noch mehr erzählen und weiter ins Schwärmen geraten, aber auch von den anderen Städten, Dörfern, Gebirgen und den Tälern der benachbarten Sieg und der südlich in den Rhein fließenden Ahr. Dort locken der Rotweinwanderweg und rund 1000 Kilometer Wanderwege rechts und links des Flusses oder die Kurstadt Bad Neuenahr mit ihren Thermen und ihrem Spielcasino. Auch das mittelalterliche Ahrweiler oder die Kirchen und Kapellen von Ahrbrück, Dernau, Königsfeld und Sinzig laden zur Besichtigung ein. An der Quelle der Ahr liegt das malerische Blankenheim, eines der Tore in die Eifel, wo schon jeder Bonner einmal die unheimlichen Maare bei Daun und

Wer das Siebengebirge in seinem dramatischen Gegensatz zu den Ebenen des Niederrheins bewundern möchte, hat vom linksrheinischen Ufer den besten Blick.

If you want to admire the Siebengebirge in its dramatic contrast with the plains of the Lower Rhine, your best vantage point is from the left bank of the river.

Celui qui veut admirer le massif des Sept Montagnes et son contraste saisissant avec la dépression du Bas-Rhin, a de la rive gauche du Rhin la meilleure perspective.

Not for nothing does Bonn lie behind the seven mountains," goes a spiteful saying, referring to the nearby Siebengebirge. However it can also be taken as a compliment to the federal city. Where attractive outings are concerned, with the Ahr and Sieg rivers or neighbouring cities such as Cologne and Siegburg one is spoilt for choice.

One pleasant tour, for example, could start in the Siebengebirge, which is more than just the seven famous hills from Drachenfels to Petersberg, with its deep valleys and dramatic contrast between the beginning of the Lower Rhine plain and volcanic formations that almost remind you of the Alps. In the midst of this inspiring countryside, in the Heisterbach monastery one of the leading mediaeval narrators, the monk Caesarius, who died some time after 1240, committed his theological and historical works to parchment. In the former hotel on Petersberg, now the state guest-house, German and European history was written when Konrad Adenauer, first chancellor of the Federal Republic, succeeded in obtaining German sovereignty from the high commissioners of the three Western allies – the USA, Britain and France – who resided there. In Rhöndorf Adenauer grew roses and wrote his memoirs. His house and garden with its view of the Drachenfels are open to visitors, as is the Drachenfels itself with its ruined castle and romantic Drachenburg. You can climb the mountain on donkey-back or by rack railway. On account of its popularity in the Netherlands, the Drachenfels is often nicknamed "Holland's highest mountain," although it is only 321 feet high. From the summit one has a view up the Rhine as far as Cologne and across to the Rolandsbogen (Roland's Arch) and far into the Eifel mountains. There was a quarry here back in Roman times and the stone for Cologne Cathedral was hewn from this cliff. A little further north, in Oberdollendorf, is the northernmost vineyard on the Rhine. Adjacent to it, in the Oberkassel quarry, in 1914 the remains of two primaeval humans and a dog were discovered. The caveman and -woman, who lived in around 2000 BC, were far better-looking than Neandertal man.

One could tell many more tales of the Siebengebirge and its delights, as of the other towns, villages, mountains and valleys of the nearby River Sieg and the Ahr, which flows into the Rhine to the south, and where the Red Wine Trail provides around 1,000 kilometres of long-distance paths on both sides of the river. Then there is the spa town of Bad Neuenahr with its thermal springs and gaming casino, or mediaeval Ahrweiler, the churches and chapels of Ahrbrück, Dernau, Königsfeld and Sinzig, all well worth a visit. At the source of the Ahr is picturesque Blanken-

heim, one of the gateways into the Eifel, where every Bonn resident has visited the eery volcanic lakes near Daun and Manderscheidt, the result of a volcanic eruption around 10,000 years ago, when an early human civilisation had long existed by the Rhine. It must have been a terrible disaster for those ancient people.
The Benedictine monastery of Maria Laach (founded in 1093) stands by one of the lakes formed at that time, as does the 747-metre Hohe Acht, the highest peak in the Eifel. Less tranquil but no less impressive are the car and motorcycle races held at the Nurbürgring at the foot of a ruined castle, or the radio telescope in Effelsberg. In contrast to this, the Eifel foothills provide charming protection to the vegetable fields and orchards on the left bank of the Rhine and the Kottenforst, a forest on which the Electors lavished care and attention. Not far away are the towns of Rheinbach and Meckenheim, and again and again one comes upon traces of the Romans, such as the footpath that follows the water conduit from the Eifel to Cologne. Apropos Cologne, virtually everyone in Bonn knows it well. In the

Kriege und Stürme, Gewitter und Erdbeben haben dem einst mächtigen Bergfried des Drachenfels zugesetzt. Aber er ist auch heute noch sichtbares Zeichen der vergangenen Größe der Kurfürsten von Köln, ihr Vorposten am rechten Rheinufer.

Wars and tempests, storms and quakes have taken their toll of the once mighty keep on the Drachenfels. Yet it still testifies to the erstwhile grandeur of the electors of Cologne, whom it served as their outpost on the right bank of the Rhine.

Guerres et tempêtes, orages et tremblements de terre ont mis le donjon du Drachenfels autrefois si puissant à dure épreuve. Mais il est aujourd'hui encore un signe visible de la grandeur passée des princes-électeurs de Cologne, leur avant-poste sur la rive droite du Rhin.

Ce n'est pas par hasard que Bonn est située derrière les Sept Montagnes.» Cette phrase, utilisée par dérision pour qualifier Bonn la fédérale, peut être aussi considérée comme un compliment. Lorsque l'on passe en revue les environs de la ville avec ses sites attrayants comme la vallée du Rhin, les massifs, l'Eifel, les fleuves Ahr et Sieg ou les villes avoisinantes de Cologne ou Siegburg, on a l'embarras du choix. Pour passer une journée agréable, on pourrait commencer par exemple dans le massif des Sept Montagnes qui ne comprend pas que les sept montagnes célèbres, du Drachenfels au Petersberg, mais aussi de profondes vallées, un contraste saisissant entre les débuts de la plaine basse du bas-Rhin et les formations volcaniques rappelant presque les Alpes. C'est au cœur de ce paysage séduisant que, dans le monastère d'Heisterbach, l'un des conteurs les plus importants du Moyen Âge, le moine Caesarius (décédé après 1240) mit sur parchemin ses œuvres théologiques et historiques. C'est sur le Petersberg, dans l'ancien hôtel devenu Gästehaus de la République fédérale, que fut construite l'histoire de l'Allemagne et de l'Europe et que le chancelier Konrad Adenauer obtint des hauts commissaires des trois puissances occidentales – les Etats Unis, l'Angleterre et la France – qui y résidaient alors la souveraineté de l'Allemagne. C'est à Rhöndorf qu'il cultivait ses roses et qu'il écrivit ses mémoires. On peut visiter sa maison et son jardin avec vue sur le Drachenfels ainsi que le Drachenfels luimême avec les ruines d'un château et la romantique citadelle du Drachenburg. On peut y accéder à pied, à dos d'âne ou par le funiculaire. Très apprécié des Néerlandais, le Drachenfels porte le nom de «plus haute montagne de Hollande» bien qu'il ne s'élève pas à plus de 321 mètres. De là, on jouit d'un vaste panorama sur le Rhin, jusqu'à Cologne et, de l'autre côté, sur le «Rolandsbogen» jusqu'au massif de l'Eifel. Au temps des Romains, il y avait déjà ici une carrière de pierres; c'est de cette roche que fut construite la cathédrale de Cologne. Un peu plus au nord, à Oberdollendorf, s'étend le vignoble le plus au nord du Rhin. A côté, dans la carrière d'Oberkassel, ont été découverts en 1914 les restes de deux «hommes préhistoriques» et d'un chien. L'homme et la femme vivaient env. en l'an 2000 avant J.-C. et étaient mieux conservés que l'homme de Neandertal. Il semble vraisemblable que les Rhénans de nos jours descendent plutôt de l'homo sapiens d'Oberkassel que de celui de Neandertal.
On pourrait s'épancher encore plus sur les Sept Montagnes et laisser libre cours à son enthousiasme mais tout cela vaut aussi pour les autres villes, villages et montagnes, pour la vallée du Sieg avoisinant et la plaine de l'Ahr qui, un peu plus au sud, se jette dans le Rhin. Là, vous pouvez vous laisser séduire par le chemin du vin rouge et par près de 1000 kilomètres de sentiers de randonnée sur les deux rives du fleuve ou bien par la station thermale de Bad Neuenahr avec ses thermes et son casino. La cité médiévale d'Ahrweiler ou les églises et chapelles de Ahrbrück, Dernau, Königsfeld et Sinzig attendent elles aussi votre visite. Près de la source, s'étend le village pittoresque de Blankenheim, l'une des portes ouvertes sur le massif de l'Eifel, lieu où les Bonnois ne manquent jamais de visiter, à proximité

Gästehaus der Bundesrepublik Deutschland auf dem Petersberg

Official guest-house of the Federal Republic on Petersberg

Gästehaus de la République fédérale d'Allemagne sur le Petersberg

Manderscheidt besucht hat, die der Vulkanismus vor etwa 10 000 Jahren aufbrach, als am Rhein längst schon Menschen in einer frühen Kultur lebten. Für sie muß es eine schreckliche Katastrophe gewesen sein.
Die Benediktinerabtei Maria Laach (gegründet 1093) liegt an einem dieser Seen und ebenso der höchste Berg der Eifel, die 747 Meter messende Hohe Acht. Weniger beschaulich, aber nicht minder eindrucksvoll sind die Auto- und Motorradrennen auf dem Nürburgring am Fuße einer Burgruine südlich von Adenau oder das Radioteleskop in Effelsberg.
Im Kontrast dazu erstreckt sich das Vorgebirge als anmutiger Schutz der linksrheinischen Gemüsefelder und Obstplantagen mit dem von den Kurfürsten gehegten und gepflegten Kottenforst, nicht weit davon liegen die Städte Rheinbach und Meckenheim. Und immer wieder trifft man auf die Spuren der Römer, wie auf einem Wanderweg längs der Wasserleitung von der Eifel bis nach Köln. Apropos Köln: Dort kennt sich fast jeder Bonner aus. Bonn war in der Kurfürstenzeit schon einmal der Regierungssitz der eigentlichen Hauptstadt Köln. Umgekehrt müssen viele Kölner Bonn erst noch entdecken.

Vom Efeu umsponnen wie von seinen Sagen: der Rolandsbogen bei Rolandseck

The Rolandsbogen at Rolandseck is overgrown with ivy and legend.

Couvert de lierre comme de légendes: le Rolandsbogen à proximité du Rolandseck

Rechtsrheinisch der Sieg folgend, erreichen wir Siegburg, die Stadt des Komponisten und Wagnerschülers Engelbert Humperdinck (1854–1921), über deren Mitte eine Benediktinerabtei thront – eine Stadt mit lebendigem Markttreiben und Geschäftsleben. Flußaufwärts bei Hennef, Fußballfans bekannt als Ort des Trainingslagers der deutschen Nationalmannschaft, liegt oben auf einem Felsen die kleinste Stadt Deutschlands, das Fachwerkidyll von Stadt Blankenberg, die politisch zu Hennef gehört.
Zurück auf die andere, die römische Rheinseite, zur Kurfürstlichen Residenz Brühl und zum Schloß Augustusburg, dem bedeutendsten Barockschloß des Rheinlandes, das ab 1949 dem Bundespräsidenten oft für seine Empfänge diente. Durch den Park führt eine schnurgerade Allee zum Jagdschlößchen Falkenlust. Die Kurfürsten betätigten sich ausgiebig als Städtebauer und Landschaftsarchitekten. So auch in Bonn, wie die barocke Achse von ihrer Residenz, der heutigen Universität, zum Poppelsdorfer Schloß zeigt. Von dort sollte die Allee über den Kreuzberg bis nach Brühl und Augustusburg geführt werden.
Es fällt schwer, von Bonns Umgebung zu berichten und nicht sogleich wieder ins Schwärmen zu verfallen. Und wer will, ist über Bonns Umland in 20 Minuten in Köln, in einer dreiviertel Stunde in Koblenz an der Moselmündung oder in einer Stunde in Düsseldorf und bald im Ruhrgebiet.
Man könnte noch von Unkel erzählen, wo der Dichter und kämpferische Demokrat Ferdinand Freiligrath (1810–76), der Schriftsteller Stefan Andres (1906–70) und Willy Brandt lebten. Oder von Linz, der bunten Stadt am Rhein. Bonn liegt in einer Kultur- und Naturlandschaft, die keinen Vergleich in Deutschland und Europa zu scheuen braucht.

days of the electors, Bonn served as seat of government for the actual capital, Cologne. In contrast, many Cologne residents have yet to discover Bonn.
Following the River Sieg from the right bank of the Rhine, we reach Siegburg, home town of the composer Engelbert Humperdinck, 1854–1921, a pupil of Wagner's. A Benedictine abbey thrones in splendour above the city centre with its bustling market and thriving businesses. Upriver not far from Hennef, known to soccer fans as home of the German national side's training camp, high on a cliff is Germany's smallest town, the idyllic, half-timbered Blankenburg, which belongs administratively to Hennef.
Back to the other, Roman bank of the Rhine, to the elector's palace in Brühl and to Schloss Augustusburg, the Rhineland's most important Baroque castle, which in 1949 became a residence of the German president. An avenue straight as a die runs through its park to the small hunting palace of Falkenlust. The electors spent extravagantly on buildings and landscaped parks, also in Bonn, as demonstrated by the Baroque axis from their palace, the present-day university, to Schloss Poppelsdorf. Originally, the avenue was to run from there via the Kreuzberg to Brühl and Augustusburg. It is difficult to describe Bonn's surroundings without falling into raptures again. And anyone who wants to do so can travel beyond them to Cologne in just twenty minutes, in three quarters of an hour to Koblenz at the confluence with the Mosel, or in an hour in Düsseldorf and soon after in the Ruhr. Bonn is set in a cultural and natural landscape which needs fear no comparison in Germany and Europe. One could tell of Unkel, where the poet and democratic champion Ferdinand Freiligrath, 1810–76, the writer Stefan Andres, 1906–70, and Willy Brandt lived. Or of Linz, the colourful town on the Rhine.

Oben: Maria Laach, das benediktinische Kloster am Laacher See, ist einer der Höhepunkte der Romanik in Deutschland.

Above: Maria Laach, a Benedictine monastery on the Laacher See, is one of the pinnacles of Romanesque architecture in Germany.

En haut: Maria Laach, le monastère bénédictin sur les rives du lac de Laach, est l'un des points culminants de l'art roman en Allemagne.

Unten: Fachwerkidylle in Blankenberg

Below: The half-timbered idyll of Blankenberg

En bas: l'adorable cité de Blankenberg avec ses maisons à colombage

de Daun et Manderscheidt, les Maare (lacs de cratères) lugubres formés il y a environ 10 000 ans par le volcanisme alors qu'existait déjà sur les rives du Rhin une culture ancienne. Cela dût être pour eux une terrible catastrophe.

Sur la rive de l'un de ces lacs se trouve l'abbaye bénédictine de Maria Laach (fondée en 1093) ainsi que le point culminant de l'Eifel, la «Hohe Acht» haute de 747 mètres. Les courses automobiles et motocyclistes qui ont lieu sur le circuit du Nürburg au pied d'une ruine située au sud d'Adenau ainsi que le radiotélescope d'Effelsberg sont certes moins paisibles mais certainement tout aussi impressionnants.

En contraste avec ce paysage, les reliefs ondulés des massifs forment une barrière riante protégeant champs de légumes et plantations de fruits avec le «Kottenforst», forêt choyée et gâtée par les princes-électeurs et, non loin de là, les villes de Rheinbach et Meckenheim. Et de nouveau, on retrouve les traces des Romains, comme sur le sentier de randonnée qui, le long de l'aqueduc, va de l'Eifel à Cologne. A propos Cologne: presque tous les Bonnois connaissent cette ville. Au temps des princes-électeurs, Bonn était déjà le siège du gouvernement de la vraie capitale, Cologne. Par contre, pour bien des habitants de Cologne, Bonn reste encore à découvrir.

Sur la rive droite du Rhin, en suivant le Sieg, nous atteignons Siegburg, ville d'Engelbert Humperdinck (1854–1921), compositeur et élève de Wagner, dominée en son centre par une abbaye bénédictine. Une ville de commerce très animée. En amont du fleuve, à proximité de Hennef, connus des supporteurs de football comme étant l'emplacement du camp d'entraînement de l'équipe nationale, se trouve, perchée sur un rocher, la plus petite ville d'Allemagne, Blankenberg, véritable havre de paix avec ses maisons à colombages qui, politiquement, appartient à Hennef.

Revenons sur l'autre rive, la rive romaine du Rhin, et rendons-nous à Brühl, la résidence des princes-électeurs, et au château d'Augustusburg, le plus important des châteaux baroques de Rhénanie, qui devint en 1949 siège du Président de la République Fédérale. Une allée rectiligne traverse le parc du château et mène au rendez-vous de chasse de Falkenlust. Les princes-électeurs furent de grands bâtisseurs et d'importants architectes paysagistes. A Bonn aussi, ils exercèrent leurs talents comme le montre l'axe baroque qui mène de leur résidence, l'actuelle université, au château de Poppelsdorf. De là, en passant par le Kreuzberg, l'allée devait conduire jusqu'à Brühl et Ausgustusburg. Il est bien difficile de parler des environs de Bonn sans se laisser aller à nouveau à l'exaltation. Et qui veut, peut aller au- delà pour être en 20 minutes à Cologne, en trois quart d'heure à Coblence, à l'embouchure de la Moselle, ou en une heure à Düsseldorf et bientôt dans le bassin de la Ruhr.

Bonn s'étend au cœur d'un paysage naturel et culturel qui peut soutenir la comparaison avec ceux d'autres villes de l'Allemagne et de l'Europe. On pourrait citer encore Unkel où vécurent Ferdinand Freiligrath (1810–76), poète et démocrate combatif, Stefan Andres (1906–70), écrivain, et Willy Brandt. Ou alors Linz, ville colorée des bords du Rhin.

Das Jagdschlößchen Falkenlust liegt im Park des Schlosses Augustusburg in Brühl.

Falkenlust hunting lodge is in the park of Schloß Augustusburg in Brühl.

Le petit rendez-vous de chasse de Falkenlust est situé dans le parc, à côté du très somptueux château d'Augustusburg à Brühl.

Schloß Augustusburg ist Ausdruck des herrschaftlichen Selbstbewußtseins des berühmtesten Kölner Kurfürsten Clemens August, in dessen Auftrag die Architekten Johann Conrad Schlaun, François Cuvilliés und Balthasar Neumann dieses Lustschloß bei Brühl von 1725 bis 1728 erbauten. Heute wird es vom Land Nordrhein-Westfalen gehegt und gepflegt. Es ist ein lebendiges Denkmal und gibt einen prächtigen Rahmen für Staatsempfänge und Konzerte. Kolorierte Radierung von Johann Ziegler nach Laurenz Janscha, 1798.

Schloss Augustusburg is an expression of the supreme self-confidence of Clemens August, the most famous of the electors of Cologne, at whose behest the architects Johann Conrad Schlaun, François Cuvilliés and Balthasar Neumann built this summer palace near Brühl between 1725 and 1728. The palace is now in the care of the state of North Rhine-Westphalia. It is a living monument and provides a magnificent setting for official receptions and concerts. Coloured engraving by Johann Ziegler, 1798, after Laurenz Janscha.

Le château d'Augustusburg est l'expression du sentiment de grandeur de Clemens August, célèbre prince-électeur de Cologne, sur la commande duquel les architectes Johann Conrad Schlaun, François Cuvilliés et Balthasar Neumann édifièrent de 1725 à 1728 ce château de plaisance à proximité de Brühl. C'est aujourd'hui le Land de la Rhénanie-Westphalie qui en prend soin. C'est là un monument vivant qui donne un cadre splendide pour les réceptions officielles et les concerts. Gravure polychrome de Johann Ziegler d'après Laurenz Janscha, 1798.

Vom Süden, aus Mainz und Koblenz kommend, öffnete sich dem Reisenden der Blick auf Rolandseck unterhalb der Ruine des Rolandsbogens (links), den Drachenfels (Mitte) und die Insel Nonnenwerth mit ihrer bis heute berühmten Schule. Der Rolandsbogen ist einer der schönsten Aussichtspunkte des Rheinlandes. Kolorierte Radierung von Johann Ziegler nach Laurenz Janscha, 1798.

Travellers coming from Mainz and Koblenz to the south see opening up before them this view of Rolandseck beneath the ruin of the Rolandsbogen (left), the Drachenfels (centre) and Nonnenwerth island with a school that remains famous to this day. The Rolandsbogen is one of the finest vantage points in the Rhineland. Coloured engraving by Johann Ziegler, 1798, after Laurenz Janscha.

Le regard du voyageur qui arrive du sud, de Mayence ou de Coblence, se pose sur le Rolandseck en contrebas de la ruine du Rolandsbogen (à gauche), sur le Drachenfels (au centre) et sur l'île Nonnenwerth avec son école célèbre jusqu'à ce jour. Le Rolandsbogen offre l'un des plus beaux panoramas de la Rhénanie. Gravure polychrome de Johann Ziegler d'après Laurenz Janscha, 1798.

NIGSWINTER

Die „Weiße Flotte" unterhalb der sagenumwobenen Ruine des Drachenfels, von der man das Rheintal, die Eifel, die Inseln, Bonn und Köln manchmal wie auf einer Reliefkarte betrachten kann. Wegen der vielen Besucher aus den Niederlanden wird die Erhebung mit ihren 321 Metern als Hollands höchster Berg bezeichnet. Am Fuße des Berges säumen die Häuser von Königswinter das Ufer des Rheins.

Pleasure boats by the legendary Drachenfels ruin, from which the Rhine valley, the Eifel mountains, the islands in the river and the cities of Bonn and Cologne can sometimes be seen like features on a relief map. The 321-metre promontory is so popular with visitors from the Netherlands that the Drachenfels is sometimes referred to as "Holland's highest mountain." At the foot of the Drachenfels, the Rhine is fringed by the houses of Königswinter.

De la «Flotte Blanche», en contrebas de la ruine mystérieuse du Drachenfels, on peut parfois contempler la vallée du Rhin, le massif de l'Eifel, les îles, Bonn et Cologne comme sur une carte en relief. En raison des nombreux visiteurs qui viennent des Pays Bas, ce massif de 321 mètres porte le nom de «montagne la plus élevée de Hollande».

Diesen Blick über die Weinberge – hier bei Rhöndorf –, den Gegensatz zwischen dem lichten Weinlaub, den von der Sonne genährten Reben und dem düsteren Trachytfelsen, genießen wie einst der naturverbundene Konrad Adenauer jährlich Tausende. Der Weinbau war hier schon in Verfall geraten, wurde aber wiederbelebt, und nun baut man sogar prämierte Weine an. Adenauer übrigens, der erfahrene Kommunalpolitiker aus Köln, war an der Verhinderung des Baus einer Drahtseilbahn beteiligt, die diese Idylle zerschnitten hätte.

This view across vineyards near Rhöndorf, the contrast between the bright foliage of the vines, the sun-fed grapes and the dark trachyte rock, was once enjoyed by the nature-loving Konrad Adenauer. Now, it is shared by thousands of people each year. Wine-growing here had fallen into decline, but was revived to the extent that prize-winning wines are now produced. Incidentally, Adenauer, an experienced Cologne local politician, had a hand in preventing the building of a cable railway which would have destroyed this idyll.

Chaque année, des milliers de visiteurs jouissent – comme autrefois Konrad Adenauer qui était très proche de la nature – de cette vue sur les vignobles, de ce contraste entre le feuillage clairsemé de la vigne avec ses grappes pleines de soleil et un sombre rocher volcanique. Ici, la viticulture était déjà en voie de disparition mais elle a été remise en valeur et on cultive même maintenant des vins médaillés. Adenauer qui avait acquis à Cologne une grande expérience dans le domaine de la politique communale, avait d'ailleurs contribué à éviter la construction d'un téléphérique qui aurait porté préjudice à ce havre de paix et de beauté.

Vor Remagen bietet sich eine Aussicht, die schon die englischen Romantiker begeisterte. Im Rhein liegt die Insel Nonnenwerth mit ihrer alten Schule. Hier soll die Geliebte des Ritters geschmachtet haben, an den über dem Ufer am festen Land der Rolandsbogen erinnert. Am linken Bildrand zweigt vor Bad Honnef die Einfahrt nach Grafenwerth ab.

This view just outside Remagen enchanted the English Romantics in their day. In the Rhine lies the island of Nonnenwerth with its old school. The mistress of the knight Roland, after whom the Rolandsbogen (Roland's Arch) beyond the river bank is named, is said to have pined away on the island. To the left of the picture the road to Grafenwerth off Bad Honnef branches off.

Avant d'arriver à Remagen, on découvre un panorama qui a déjá enchanté les romantiques anglais. Au milieu du Rhin, l'île de Nonnenwerth avec sa vieille école. C'est ici que la bien-aimée du chevalier Roland qui a donné son nom au Rolandsbogen de l'autre côté de la rive s'est languie d'amour pour lui. Tout à gauche de la photo, la bifurcation qui, avant Bad Honnef, permet de se rendre à Grafenwerth.

KD
WAPPEN VON MAINZ
KD Köln-Düsseldorfer

Abendstimmung über Bonn. Im Hintergrund ragt der „Lange Eugen" empor. Die Lichterketten weisen auf die Promenadenwege, ein gut ausgebautes Wegenetz für Fußgänger und Radfahrer aller Generationen. Gerade die Abendstimmungen am Rhein wirken oft wie Einladungen für viele neue Tage in einer begnadeten Kultur- und Naturlandschaft, sind nicht nur Abschiedsstimmung.

Evening mood over Bonn. "Langer Eugen" towers in the background, strings of lights mark the promenade walks, a well-developed network of paths for pedestrians and cyclists of all generations. Often, the evening mood on the Rhine seems like an invitation to many new days in an exceptional man-made and natural landscape, rather than just a farewell to the day that has gone.

Atmosphère vespérale à Bonn. Au fond s'élève le «Langer Eugen». Les lumières dessinent les chemins de promenade, un réseau bien aménagé de chemins pour piétons et cyclistes de tous âges. C'est justement cette atmosphère des soirées passées sur les berges du Rhin qui, bien souvent, invite à passer des journées entières dans ce paysage culturel et naturel exceptionnel et n'est pas seulement le moment des adieux.

Adenauer, Konrad. Erster Bundeskanzler (1949–63), zuvor Oberbürgermeister von Köln und Vorsitzender des Parlamentarischen Rates, der 1948/49 im heutigen Bundesrat das Grundgesetz ausarbeitete und damit das Fundament für die parlamentarische Demokratie und den Rechtsstaat in der Bundesrepublik Deutschland legte.
An Adenauer erinnern die **Adenauerallee**, ein großer Kopf des Bildhauers Pilgrim an der Straßenfront zwischen seinem ersten Amtssitz, dem Palais Schaumburg, und dem Neubau des Kanzleramts, das **Adenauerhaus**, die Parteizentrale der CDU, die wegen deren Umzug nach Berlin an die Telekom verkauft wird, und schließlich das **Adenauerhaus in Rhöndorf** (Konrad-Adenauer-Straße 8c, Tel.: 02224/92 19), Wohnung und Sterbehaus, mit der geschichtlichen Ausstellung der Stiftung Bundeskanzler-Adenauer-Haus, Öffnungszeiten: dienstags bis sonntags 10–16.30 Uhr, montags Ruhetag).

Adenauer-Skulptur des Bildhauers Hubertus von Pilgrim vor dem Palais Schaumburg

Statue of Konrad Adenauer by sculptor Hubertus von Pilgrim outside Palais Schaumburg

Adenauer, sculpture d'Hubertus von Pilgrim, devant le Palais Schaumburg

Alter Friedhof. (Bornheimer Straße). Er bezeugt den Reichtum der Bonner Geschichte. 1715 vom Kurfürsten ursprünglich für Soldaten und arme Bürger angelegt, wurde er später der Hauptfriedhof der Stadt. Hier ruhen Beethovens Mutter, Schillers Frau Charlotte und ihr Sohn Ernst, fast die ganze erste Generation der berühmten Bonner Professoren, die Komponisten Robert und Clara Schumann, der Dichter Wilhelm Schmidtbonn. Führungen vom 1. Mai bis 30. September Dienstag und Donnerstag 15 Uhr und jeweils am ersten Samstag dieser Monate um 11 Uhr.

Altes Rathaus. Ein Wahrzeichen der Stadt. 1737/38 von Michel Leveilly im Rokokostil errichtet. Von der Treppe erhielt 1949 der erste Bundespräsident, Theodor Heuss, die Zustimmung des Volkes, von dort aus grüßten zahlreiche Staatsgäste die Bürgerinnen und Bürger. Der dreieckige große Marktplatz ist Teil einer der größten und schönsten Fußgängerzonen Deutschlands. Die Sternstraße führt zum neuen Verwaltungssitz, dem Stadthaus (1975), das die Bonner architektonischen Maße sprengt. Von dessen Dach aus hat man jedoch einen der schönsten Ausblicke auf Stadt und Land.

Beethoven, Ludwig van. Größter Sohn der Stadt, geboren 1770 in einem bescheidenen Bürgerhaus in der Bonngasse 20. Neben dem Museum (Tel.: 0228/98 17 50, Öffnungszeiten: montags bis samstags 10–17 Uhr, sonntags 11–16 Uhr) ein neuer Kammermusiksaal. Das musikalische Erbe Beethovens wird vom Orchester der Beethovenhalle und von Beethovenfesten gewahrt. Der Komponist hat viel Bürgerinitiative auf seiner Seite. Vor der Beethovenhalle (erbaut 1956–59) die Skulptur „Beethon" von Klaus Kammerichs (1986). Denkmal auf dem Münsterplatz mit dem Rücken zum früheren Schwarzenberg-Palais, der heutigen Hauptpost.

Beethoven-Denkmal von Ernst Hähnel auf dem Münsterplatz

Beethoven monument by Ernst Hähnel on Münsterplatz

Mémorial de Beethoven de Ernst Hähnel sur la place de la collégiale

Beuel. Früher selbständige Stadt, 1969 mit Bonn zusammengeschlossen, erfreut sich mit seinen 19 Ortsteilen, die einen eigenen Charakter haben, wie das kleinstädtische Oberkassel oder Schwarzrheindorf mit seiner Kirche oder Vilich mit St. Adelheid, des größten Zuwachses im Stadtgebiet. Der Sitz zahlreicher Unternehmen hat ein reges Kulturleben zu bieten (Schauspielhalle Beuel, Brotfabrik, Tapetenfabrik, Brückenforum). Beuel liegt am Fuße des Ennert und des Siebengebirges. Dies und die Nähe zum Rhein machen aus ihm alles andere als die „schäl Sick", die rechtsrheinisch gelegene schlechtere Seite von Bonn – eine Schelte, die sich am Rhein seit der Römerzeit gehalten hat, als der Strom das römische Rheinland vom keltisch-germanischen trennte. Im Beueler Ort Pützchen findet an jedem zweiten Wochenende im September mit Pützchens Markt der größte Jahrmarkt des Rheinlandes statt.

Haus Carstanjen am Plittersdorfer Rheinufer

Haus Carstanjen on the bank of the Rhine at Plittersdorf

Maison Carstanjen sur la rive du Rhin à Plittersdorf

Haus **Carstanjen** (Martin-Luther-King-Straße 8). Die Bundesstadt ist auch UN-Sitz und hofft auf weitere Einrichtungen der Vereinten Nationen. In dieser Villa arbeiten unter anderem die Freiwilligenorganisationen UNV und die Klimarahmenkonvention (UNFCC).

Bad **Godesberg**. Früher selbständige Stadt, 1969 mit Bonn zusammengeschlossen, zunächst bevorzugter Rentner-, nach 1949 Diplomatenwohnort. In der Redoute, ab 1790 vom Kurfürsten als Ball- und Spielsaal errichtet, finden heute Konzerte und Empfänge statt. Die Kommende des Deutschherrenordens (1761) ist heute Residenz des belgischen Botschafters. Die romanische Kirche St. Martin ist ein Kleinod im Fachwerkort Muffendorf. Wahrzeichen ist die Godesburg, die letzte Höhenburg vor den Wasserburgen des Niederrheins. Bei der Belagerung durch die Bayern 1583 brachten diese, nachdem sie durch ein Klohäuschen über die Außenmauern eingedrungen waren, Sprengladungen an und entschieden damit den Truchseßischen Krieg: Die Erzdiözese Köln blieb katholisch. Nach dem Wegzug der Diplomaten hofft man in Godesberg künftig auf eine neue Entwicklung als Kur- und Wohnort.

Münsterbasilika. (Münsterplatz, Tel.: 0228/63 33 44). Herz und Fundament der römisch-christlichen Geschichte der Stadt. Um 400 wurde über den Gräbern der römischen Offiziere Cassius und Florentius eine Gedächtnisstätte errichtet, die den Ausgangspunkt einer langen Baugeschichte bildet. Die heutige Gestalt geht auf das Jahr 1248 zurück. In der Mitte des 12. Jahrhunderts war der Kreuzgang angelegt worden. Das Münster verkörpert den eigenständigen rheinischen Übergang von der Romanik zur Gotik.

Andere bedeutende ***Kirchen*** in Bonn: Die Doppelkirche in Schwarzrheindorf (Dixstraße, Tel.: 0228/46 16 09) und die Kreuzbergkirche (Stationsweg 21, Tel.: 0228/2 89 99 20) – Endpunkt der barocken Achse von der Kurfürstlichen Residenz, der heutigen Universität, über die Poppelsdorfer Allee zum Poppelsdorfer Schloß. Dort errichtete nach römischem Vorbild Balthasar Neumann die Heilige Stiege.

Museumsmeile. Es sind nicht die einzigen Museen der museenreichen Stadt, aber in Spaziergangentfernung gruppieren sich an der Adenauerallee und der Friedrich-Ebert-Allee gleich eine ganze Reihe:
Das Zoologische Forschungsinstitut und das ***Museum Alexander Koenig*** mit seiner naturkundlichen Sammlung an der Adenauerallee 160 (Tel.: 0228/9 12 20). Hier trat 1948 der Parlamentarische Rat zur Eröffnungssitzung zusammen. Die Arbeit nahm er anschließend in der ehemaligen Pädagogischen Akademie, dem heutigen Bundesrat, auf. Imponierender Bau im Stil der Neorenaissance.
Haus der Geschichte der Bundesrepublik Deutschland, Adenauerallee 250 (Tel.: 0228/ 9 16 50). Das Haus zeigt die Geschichte vom Ende des Zweiten Weltkriegs bis in die Gegenwart samt den Gegensätzen zwischen der DDR und der Bundesrepublik vor der Wiedervereinigung. Es vermittelt geschichtliches Erleben mit originalen Gegenständen, von Adenauers erstem Dienstwagen bis zu einem „Rosinenbomber" der Luftbrücke der Alliierten für die von der sowjetischen Blockade eingeschlossenen West-Berliner. Der Eintritt ist frei.

Haus der Geschichte der Bundesrepublik Deutschland

The House of History of the Federal Republic of Germany

Maison de l'histoire de la République fédérale d'Allemagne

Kunstmuseum Bonn, Friedrich-Ebert-Allee 2 (Tel.: 0228/77 62 60). Dieses städtische Museum besticht durch seine Architektur und ist über einen großen Platz mit der Bundeskunsthalle verbunden. Hier herrscht Piazza-Atmosphäre, im Sommer wird ein großes weißes Zelt für Konzerte aufgebaut. In der klassischen Moderne bilden August Macke und die Arbeiten der rheinischen Expressionisten den Schwerpunkt der Sammlungen des Kunstmuseums.
In der ***Kunst- und Ausstellungshalle der Bundesrepublik Deutschland*** (Bundeskunsthalle), Friedrich-Ebert-Allee 4 (Tel.: 0228/9 17 12 00), wechseln die Ausstellungen und wird große Kunst aus der ganzen Welt nach Deutschland eingeladen. Der Dachgarten mit den drei Türmen ist begehbar und bietet einen einzigartigen Ausblick.

Parlaments- und Regierungsviertel. Hier zwischen Adenauerallee, Görresstraße, Theodor-Heuss-Allee und Rhein umgibt die Bannmeile – eine unsichtbare Linie, an der jede Demonstration haltmachen muß – das bisherige Herzstück der parlamentarischen Demokratie. In dem Viertel liegen das Bundeshaus, der neue Plenarsaal des Bundestags, die Villa Hammerschmidt als Sitz des Bundespräsidenten und das Palais Schaumburg mit dem neuen Bundeskanzleramt.

Bundestag

The Bundestag

Le Bundestag

Das ***Bundeshaus*** (Tel.: 0228/1 60) ist seit 1949 aus der ehemaligen Pädagogischen Akademie entstanden, deren Bauhausstil trotz aller Erweiterungen, Neu- und Umbauten noch immer erkennbar ist. Der neue Plenarsaal ist am Platz des alten, der aus der Turnhalle der Akademie hervorgegangen war, errichtet worden. 1992 konnte er wieder bezogen werden. Wie er künftig genutzt wird, steht noch nicht fest. Das gleiche gilt für das ehemalige wilhelminische Wasserwerk, in dem der Bundestag zwischen Abriß und Neubau tagt und wo die Vereinigung Deutschlands 1990 parlamentarisch vollzogen wurde.
Zum Bundeshaus gehört das Abgeordnetenhochhaus (114 Meter und 29 Stockwerke), das unter ironischer Anspielung auf die Körpergröße des damaligen Bundestagspräsidenten Eugen Gerstenmaier (1906–86) ***„Langer Eugen"*** genannt wird. Das Hochhaus wurde 1966 bis 1969 nach Entwürfen von Egon Eiermann errichtet.
Der ***„Schürmannbau"*** (nach dem Architekten Joachim Schürmann) in unmittelbarer Nachbarschaft sollte wie der „Lange Eugen" den Abgeordneten und der Verwaltung des Bundestags zur Verfügung stehen. Beim Rheinhochwasser 1993 entstand am Rohbau großer Schaden. Seit 1997/98 wird wieder an der Vollendung des Gebäudes gearbeitet, das künftig als Sitz des Radiosenders Deutsche Welle dienen soll.
In der ***Villa Hammerschmidt*** lebten und arbeiteten während ihrer Amtszeiten die Bundespräsidenten Theodor Heuss, Heinrich Lübke, Gustav Heinemann, Walter Scheel, Karl Carstens, Richard von Weizsäcker und Roman Herzog; sie bleibt auch nach dem Umzug nach Berlin zweiter Amtssitz des Staatsoberhaupts. Die Villa, Ausdruck der wohlhabenden Gründerzeit an dieser „rheinischen Riviera", ist nach ihrem letzten Besitzer benannt. Sie wurde an den Jahren 1863 bis 1865 erbaut.
Das ***Palais Schaumburg***, 1858 bis 1860 errichtet, war wie die benachbarte Villa des Bundespräsidenten ehemaliger Alterssitz wohlhabender Bürger, bevor es in den Besitz des Prinzen Adolf Wilhelm Viktor zu Schaumburg-Lippe und seiner Frau, Prinzessin Wilhelmine Viktoria von Preußen, der Schwester Kaiser Wilhelms II., gelangte. 1927 heiratete sie den russischen Hochstapler Alexander Zoubkoff, der das Vermögen durchbrachte. Am 23. Mai 1928 mußte das Palais zwangsversteigert werden. Danach ging es schließlich in den Besitz des Deutschen Reiches über. Konrad Adenauer zog im November 1949 als erster Bundeskanzler ein. Es diente bis zum Umzug von Bundeskanzler Helmut Schmidt in den benachbarten Neubau (1974–76) als Kanzleramt (Adenauerallee 139–141, Tel.: 0228/ 5 60).
Der ***Neubau*** entstand, weil Bundeskanzler Willy Brandt aus der provisorischen eine „richtige" Bundeshauptstadt machen wollte. Der in drei große Riegel gegliederte Bau hatte für seinen ersten amtlichen Benutzer, Helmut Schmidt, den „Charme einer Sparkasse". Eine bedeutende große Bronzeskulptur von Henry Moore schmückt den Vorplatz.

Adenauer, Konrad. First federal chancellor, 1949-63, previously mayor of Cologne and chairman of the parliamentary council which in 1948/49 drew up Basic Law in what is now the Bundesrat, laying the foundation for parliamentary democracy and the rule of law in the Federal Republic of Germany.
Adenauer is commemorated by **Adenauerallee** and a large bust by the sculptor Hubertus von Pilgrim facing the road between his first official residence, Palais Schaumburg and the new Chancellor's Office. The **Adenauerhaus**, headquarters of the Christian Democratic Union, is to be sold to Deutsche Telekom when the CDU's head office moves to Berlin. Finally, there is the **Adenauerhaus in Rhöndorf** (Konrad-Adenauer-Strasse 8c, Tel.: 02224/92 19), where Adenauer lived and died, which houses a historical exhibition run by the Bundeskanzler-Adenauer-Haus Foundation. Open Tuesdays to Sundays 10–16.30 hours, closed on Mondays.

Adenauer-Zimmer im Palais Schaumburg

The Adenauer Room in Palais Schaumburg

Bureau d'Adenauer au Palais Schaumburg

Alter Friedhof (Old Cemetery), on Bornheimer Strasse. The cemetery is testimony to the wealth of Bonn's history. Originally established by the electoral princes in 1715 for soldiers and poor people, it later became the town's main cemetery. Beethoven's mother, Schiller's wife Charlotte and her son Ernst, virtually all the first generation of the famous Bonn professors, the composers Robert and Clara Schumann and the poet Wilhelm Schmidtbonn lie buried there. Guided tours are held at 3 p.m. on Tuesdays and Thursdays from 1 May to 30 September and at 11 a.m. on the first Sunday of each month during this period.
Altes Rathaus (Old Town Hall). A hallmark of the town. Designed and built in 1737/38 by Michel Leveilly in Rococo style. From its staircase in 1949 Theodor Heuss, the first federal president, received the people's approval and numerous state guests have greeted the men and women of Bonn. The large, triangular market square is part of one of Germany's largest and most attractive pedestrian precincts. Sternstrasse leads to the Stadthaus, 1975, the city's new administrative headquarters, which breaks the bounds of Bonn architectural style. Even so, from its roof one has one of the best views of the city and environs.

Beethoven, Ludwig van. The town's greatest son, born in 1770 in a modest town house at Bonngasse 20. Adjacent to the musem (Tel.: 0228/98 17 50, open Mondays to Saturdays 10–17, Sundays 11–16 hours) is a new chamber-music hall. Beethoven's musical legacy is nurtured by the Beethovenhalle concert hall and Beethoven festivals. The composer has many citizens' initiatives on his side. In front of the Beethovenhalle, built 1956–59, stands the sculpture "Beethon" by Klaus Kammerichs, 1986. On the market square there is a statue with its back turned to the former Schwarzenberg Palais, now the main post office.

Beuel. Formerly an independent town, amalgamated with Bonn in 1969. The fastest-growing part of the city, with 19 districts, each with its own character, including Oberkassel with its small-town atmosphere, Schwarzrheindorf with its church and Vilich with St Adelheid's. Many companies have their head offices there, and there is a lively cultural life (Schauspielhalle Beuel, Brotfabrik, Tapetenfabrik, Brückenforum). Beuel lies at the foot of the Ennert and the Siebengebirge. This, and its proximity to the Rhine make it anything but the "schäl Sick," the allegedly worse part of Bonn on the right bank of the Rhine. This reputation dates back to Roman times, when the river separated the Roman from the Celto-Germanic Rhineland. Beuel's Pützchen district hosts over the second weekend in September Pützchens Markt, the Rhineland's biggest funfair.

Haus **Carstanjen** (Martin-Luther-King-Strasse 8). The federal capital is also a UN seat and is hoping that further United Nations establishments will move there. This villa houses, among others the UN volunteers organisation (UNV) and the climate framework convention UNFCC.

Bad **Godesberg**. Formerly an independent town, amalgamated with Bonn in 1969. Initially favoured by retired people, after 1949 it became a place of residence for diplomats. Concerts and receptions are now held in the Redoute, built by the electoral princes between 1780 and 1790 as a ballroom and gaming hall. The building of the Teutonic Order of Knights, 1761, is still the Belgian ambassador's residence. The Romanesque church of St Martin is a jewel in the village of Muffendorf with its half-timbered buildings. The town emblem is the Godesburg, the last castle built on a hill before the moated castles of the Lower Rhine. In 1593 it was besieged by the Bavarians, who penetrated the outer walls via a latrine, and laid explosive charges. This action brought an end to War of the Lord High Stewards. The archdiocese of Cologne remained Catholic. Once the diplomats have moved to Berlin, Godesberg is hoping for a new future as a spa and residential area.

Münsterbasilika (Minster) Münsterplatz, Tel: 0228/63 33 44. The hub and nucleus of the city's Roman Catholic history. In about 400 AD a memorial was built over the graves of two Roman officers and Christian martyrs, Cassius and Florentius. This marked the beginning of a long history of construction. The minster's present appearance dates back to 1248. The transept was built in the mid-twelfth century tand the minster embodies the independent Rhenish transition from the Romanesque to the Gothic style.
Other important ***churches*** in Bonn are: the Doppelkirche in Schwarzrheindorf (Dixstrasse, Tel.: 0228/46 16 09) and the Kreuzbergkirche (Stationsweg 21, Tel.: 0228/2 89 99 20), which ends a Baroque axis extending from the electoral palace (now the main university building) via Poppelsdorfer Allee to Poppelsdorf Schloss. Along Roman lines Balthasar Neumann there built the Holy Steps.

The **Museumsmeile** (Museum Mile) may not include all the city's museums, but within walking distance of each other on Adenauerallee and Friedrich-Ebert-Allee you can take in quite a few:
The Zoological Research Institute and the ***Museum Alexander Koenig*** at Adenauerallee 160, Tel.: 0228/9 12 20, is the building where, in 1948, the Parliamentary Council held its constituent meeting. It then went about its work in the former Pedagogical Academy, which now houses the Bundesrat. It is an impressive neo-Renaissance building.
The ***Haus der Geschichte,*** or House of the History of the Federal Republic of Germany, at Adenauerallee 250, Tel.: 0228/9 16 50, features German history from the end of World War II to the present day, including the differences between the GDR, or communist East Germany, and the Federal Republic prior to German reunification. It conveys historical experience by means of original exhibits ranging from Adenauer's first official car to a "candy bomber" that served in the Allied airlift to and from West Berlin when the western sectors of the divided city were subjected to a Soviet blockade in 1948/49. Entrance free of charge.
The ***Kunstmuseum*** Bonn, Friedrich-Ebert-Allee 2, Tel.: 0228/77 62 60, is a municipal art museum housed in an architecturally most impressive building that is linked via a large square with the Bundeskunsthalle (q. v.). The atmosphere is that of an Italian piazza, and in summer a large white marquee is erected for concerts. With the emphasis on modern classics, the museum concentrates on August Macke and the work of the Rhenish Expressionists.

Bis zur Fertigstellung des Neubaus beherbergte das Wasserwerk den Plenarsaal des Bundestags.

Until the new building was completed the old waterworks housed the Bundestag's plenary chamber.

Le castel d'eau a abrité l'hémicycle du Bundestag jusqu'à finition des travaux de construction du nouveau bâtiment.

The ***Bundeskunsthalle***, or Kunst- und Ausstellungshalle der Bundesrepublik Deutschland, at Friedrich-Ebert-Allee 4, Tel.: 0228/9 17 12 00, hosts different exhibitions from all over the world. The rooftop garden with its three towers is open to the public and offers unique views of the city.

The **Parlaments- und Regierungsviertel** (parliament and government district) covers an area bordered by Adenauerallee, Görresstrasse, Theodor-Heuss-Allee and the Rhine. It is a no-go area, out of bounds to protest demonstrations, and has been the hub of Germany's parliamentary democracy. It includes the Bundeshaus, the new Bundestag plenary chamber, Villa Hammerschmidt (the federal president's official residence) Palais Schaumburg and, alongside it, the new Chancellor's Office.
The ***Bundeshaus,*** Tel.: 0228/1 60, has taken shape, since 1949, from the former Pedagogical Academy, or teachers' training college, a Bauhaus-style building that is still clearly in evidence despite the many extensions and conversions it has undergone over the years. The new plenary chamber of the Bundestag was built on the site of the old one, which once housed the college's gymnasium. It was recommissioned in 1992, but no decision has yet been reached on its future use. The same is true of the erstwhile Wilhelminian waterworks building where the Bundestag met when the original chamber was demolished and the new one was still under construction. It was there that German reunification took place, in parliamentary terms, in 1990.
The Bundeshaus consists of the Abgeordnetenhaus, or members' tower block, 114 metres and 29 storeys high, popularly known as the ***"Langer Eugen,"*** or Tall Eugen (unlike the then Bundestag speaker Eugen Gerstenmaier, 1906–86, who was not a tall man). The tower block was designed by Egon Eiermann and built between 1966 and 1969.
The adjacent ***"Schürmannbau,"*** designed by architect Joachim Schürmann, was intended to serve Bundestag members and administrative staff, but the shell of the building was severely damaged when the Rhine flooded in 1993. Since 1997/98 work has been resumed on the building, which is now to house Deutsche Welle radio.
Villa Hammerschmidt was, during their terms in office, where federal presidents Theodor Heuss, Heinrich Lübke, Gustav Heinemann, Walter Scheel, Karl Carstens, Richard von Weizsäcker and Roman Herzog lived and worked. It will continue, once the government moves to Berlin, as the head of state's second official residence. The villa, which dates back to a prosperous earlier era in this "Rhenish Riviera," bears the name of its last owner and was built between 1863 and 1865.
Palais Schaumburg, built between 1858 and 1860, used, like the adjacent Villa Hammerschmidt, to be the home of wealthy industrialists until it was bought for Prince Adolf Wilhelm Viktor of Schaumburg-Lippe and his wife, Princess Wilhelmine Viktoria of Prussia, the sister of Kaiser Wilhelm II. In 1927 she married a Russian confidence trickster, Alexander Zoubkoff, who frittered away her fortune. On 23 May 1928 the palace was auctioned off to pay creditors and later became German state property. Konrad Adenauer took up residence as the first German federal chancellor in November 1949. The building served as the Chancellor's Office, at Adenauerallee 139–141, Tel.: 0228/5 60, until Federal Chancellor Helmut Schmidt moved into the neighbouring new building, constructed between 1974 and 1976.
The new ***Bundeskanzleramt*** was built because Federal Chancellor Willy Brandt wanted to transform the "provisional" federal capital into a "proper" one. The new building, with its three large slabs, was said by its first official user, Helmut Schmidt, to have all "the charm of a savings bank." A major bronze sculpture by Henry Moore stands in front of the buildings.

Adenauer, Konrad. Premier chancelier allemand (1949–63), auparavant maire de la ville de Cologne et président du Conseil parlementaire, élabora en 1948/49, dans l'actuel Bundesrat, la Loi fondamentale et avec elle les fondements de la démocratie parlementaire et de l'état de droit de la République fédérale d'Allemagne.
L'**Adenauerallee** et un grand buste du sculpteur Pilgrim érigé, côté rue, entre le Palais Schaumburg où il siéga pour la première fois et le nouveau bâtiment de la chancellerie, célèbrent la mémoire d'Adenauer. La **Maison Adenauer** (Adenauerhaus), centrale du parti de la CDU, sera vendue à la Télécom après le déménagement à Berlin. Enfin la **Maison Adenauer de Rhöndorf** (Konrad-Adenauer-Straße 8c, tél. 02224/92 19), maison où il vécut jusqu'à sa mort, contient une exposition historique de la fondation «Maison du chancelier Adenauer». Heures d'ouverture: mardi à dimanche de 10 h à 16 h 30, fermé le lundi.

Im Haus der Geschichte ist auch der Dienst-Mercedes Konrad Adenauers zu besichtigen.

Konrad Adenauer's official Mercedes is one of the exhibits at the House of History.

Dans la Maison de l'histoire, on peut voir la Mercedes de service de Konrad Adenauer.

Alter Friedhof/Ancien Cimetière (Bornheimer Straße). Il témoigne de la richesse de l'histoire de Bonn. Créé en 1715 par les Electeurs, à l'origine pour les soldats et les citoyens pauvres, il est devenu par la suite le cimetière central de la ville. C'est ici que reposent la mère de Beethoven, Charlotte, l'épouse de Schiller, et son fils Ernst, la quasi-totalité de la première génération des célèbres professeurs bonnois, les compositeurs Robert et Clara Schumann, le poète Wilhelm Schmidtbonn. Visite guidée du 1er mai au 30 septembre, mardi et jeudi à 15 h et chaque premier samedi des mois précités à 11 h.

Altes Rathaus/Hôtel de Ville. Un emblème de la ville. Construit en 1737/38 par Michel Leveilly dans le style rococo. C'est de son escalier que Theodor Heuss, premier président de l'Allemagne fédérale, reçut en 1949 l'approbation du peuple et que nombre d'invités officiels s'adressèrent à la foule des citoyennes et citoyens. La grande place triangulaire du marché fait partie intégrante de l'une des zônes piétonnières les plus vastes et les plus belles de l'Allemagne. La Sternstraße mène au nouveau siège administratif, la Stadthaus (1975), dont les formes architecturales sortent du cadre habituel à Bonn. De son toit, on a cependant l'un des plus beaux panoramas sur la ville et ses environs.

Beethoven, Ludwig van. Fils prodige de la ville, né en 1770 dans une maison bourgeoise modeste au numéro 20 de la Bonngasse. A côté du musée (tél. 0228/98 17 50, heures d'ouverture: du lundi au samedi de 10 h à 17 h, dimanche de 11 h à 16 h), une nouvelle salle pour orchestre de chambre. L'orchestre de la Beethovenhalle et le festival Beethoven permettent de faire vivre l'héritage musical de Beethoven. Ce compositeur recueille l'adhésion de nombre de citoyens. Devant la Beethovenhalle (construite en 1956–59), la sculpture «Beethon» de Klaus Kammerichs (1986). La statue du compositeur, sur la place de la Collégiale, tourne le dos à l'ancien palais Schwarzenberg, l'actuelle poste centrale.

Beuel. Autrefois ville indépendante, rattachée à Bonn en 1969, elle bénéficie d'un accroissement important de sa population urbaine avec 19 districts qui, tous, ont leur caractère particulier: Oberkassel, la petite ville, ou Schwarzrheindorf avec son église, ou bien Vilich avec Sainte Adélaide. Elle est le siège de nombreuses entreprises et a une vie culturelle animée (théâtre de Beuel, fabrique de pain, fabrique de papiers peints, Brückenforum). Beuel s'étend au pied de l'Ennert et du massif des Sept Montagnes. C'est pour tout cela et en raison de sa proximité du Rhin que Beuel ne peut être une «schäl Sick», le côté des mauvais quartiers situé sur la rive droite du Rhin, critique qui, depuis l'époque des Romains, ne cesse d'être formulée sur les rives du Rhin lorsque le fleuve séparait la Rhénanie romaine de la Rhénanie germano-celte. Dans le village de Pützchen qui fait partie de Beuel a lieu le deuxième week-end de septembre, le Marché de Pützchen, la plus grande foire de la Rhénanie.

Maison **Carstanjen** (Martin-Luther-King-Straße 8). La capitale fédérale est aussi siège des Nations Unies et espère que d'autres institutions viendront s'y installer. Cette villa abrite entre autre l'organisation de volontaires UNV et la convention-cadre sur les changements climatiques.

Bad **Godesberg**. Autrefois ville indépendante puis rattachée à Bonn en 1969, elle était tout d'abord lieu de résidence privilégié des retraités puis, après 1949, des diplomates. La Redoute, construite entre 1780 et 1790 par les princes-électeurs comme salle de bal et de jeu, sert aujourd'hui de salle de concert et de réception. La commende de l'ordre Teutonique (1761) est aujourd'hui résidence de l'ambassadeur belge. L'église romantique de St. Martin, au cœur du village à colombages de Muffendorf, est un véritable joyau. L'emblème de Bad Godesberg est le Godesburg, dernier château fort construit sur les hauteurs avant les châteaux à douves de la plaine basse du Rhin. Les Bavarois, lorsqu'ils assiégèrent la ville en 1583, après qu'ils eurent franchi les murs extérieurs en passant par les lieux d'aisances, y déposèrent des charges explosives: ils décidèrent ainsi de la guerre menée par le prince-électeur Truchseß von Waldburg; le diocèse de Cologne resta ainsi catholique. Après le départ des diplomates, Godesberg espère pouvoir prendre un nouvel essor pour devenir ville thermale et résidentielle.

La basilique du Münster. (Münsterplatz, tél. 0228/63 33 44). Elle est le cœur et la base de l'histoire romaine chrétienne de la ville. L'érection vers l'an 400 sur les tombes des officiers romains Cassius et Florentius d'un monument commémoratif marqua le début de la longue histoire de cette construction. Sa forme actuelle remonte à l'an 1248. C'est au milieu du 12ème siècle que la nef fut construite. La collégiale est représentative du passage typiquement rhénan de l'art roman à l'art gothique.
Autres ***églises*** importantes de Bonn: la double église de Schwarzrheindorf (Dixstraße, tél. 0228/46 16 09) et l'église de Kreuzberg (Stationsweg 21, tél. 0228/2 89 99 20), élément final de l'axe baroque qui va de la résidence des princes-électeurs abritant actuellement l'université, au Château de Poppelsdorf en passant par la Poppelsdorfer Allee. C'est là que Balthasar Neumann édifia d'après le modèle romain le Saint Escalier.

Le Boulevard des musées/Museumsmeile. Le long de la Adenauerallee et de la Friedrich-Ebert-Allee sont regroupés, à quelques pas les uns des autres, un grand nombre de musées; il y en a cependant encore bien d'autres dans cette ville si riche en musées.

L'Institut de recherche zoologique et ***le musée Alexander Koenig*** au numéro 60 de la Adenauerallee (tél. 0228/9 12 20). C'est là qu'en 1948 le premier conseil parlementaire se retrouva pour sa première séance. Il poursuivit par la suite son travail dans les locaux de l'ancienne Académie de Pédagogie, l'actuel Bundesrat. Bâtiment imposant de style néo-Renaissance.

Maison de l'histoire de la République fédérale d'Allemagne/***Haus der Geschichte*** der Bundesrepublik, Adenauerallee 250 (tél. 0228/9 16 50). La Maison montre l'histoire de la fin de la deuxième guerre mondiale jusqu'aux temps présents, y compris les différences entre la RDA et la république fédérale avant la réunification. Elle permet de vivre l'histoire au travers d'objets d'origine, que ce soit la première voiture de fonction d'Adenauer ou les «Rosinenbomber», ces bombardiers des forces alliées qui, pendant le blocus soviétique, ravitaillaient les habitants de Berlin-Ouest. L'entrée est gratuite.

Musée des Beaux Arts/Kunstmuseum. Bonn, Friedrich-Ebert-Allee 2 (tél. 0228/77 62 60). Ce musée municipal qui séduit par son architecture est relié par une grande place à la Bundeskunsthalle. On se croirait ici sur une place italienne; l'été, une grande tente blanche y est installée pour les concerts. Les temps forts des collections de l'art contemporain classique du Musée des Beaux Arts sont constitués par les œuvres d'August Macke ainsi que celles des expressionnistes rhénans.

La Kunst- und Ausstellungshalle de la République fédérale d'Allemagne (Bundeskunsthalle), Friedrich-Ebert-Allee 4 (tél. 0228/9 17 12 00) accueille des expositions temporaires et présente des œuvres de haute qualité venues du monde entier. Le jardin-terrasse avec ses trois tours est accessible au public et offre un panorama magnifique.

Parlaments- und Regierungsviertel/Quartier parlementaire et gouvernemental. C'est ici, entre l'Adenauerallee, la Görresstraße, la Theodor-Heuss-Allee et le Rhin que ce qui était jusqu'ici le cœur de la démocratie parlementaire est cerné par cette ligne invisible au bord de laquelle toute manifestation doit s'arrêter. C'est dans ce quartier que se trouvent la «Bundeshaus», le nouvel hémicycle du Bundestag, la Villa Hammerschmidt, siège du Président de la République fédérale, et le Palais Schaumburg avec le nouveau siège du chancelier.

La ***Bundeshaus*** (tél. 0228/1 60) est née en 1949 de l'ancienne Académie de Pédagogie dont on peut encore reconnaître le style malgré le nombre considérable de modifications qui y furent apportées: agrandissements, transformations et nouvelles annexes. Le nouvel hémicyle a été construit à la place de l'ancien, là où se trouvait la salle des sports de l'Académie. Il a pu retrouver ses fonctions en 1992. On ne sait pas encore quelle sera son utilisation future. Il en est de même pour l'ancien castel d'eau dans lequel se tenaient, pendant la période de construction, les assises du Bundestag, et où, en 1990, la réunification de l'Allemagne devint parlementaire.

Le gratte-ciel des députés (114 mètres et 29 étages), appelé ***«Langer Eugen»*** par allusion ironique à la taille de Eugen Gerstenmaier (1906–86), ancien président du Bundestag, fait partie de la Bundeshaus. Le gratte-ciel a été construit de 1966 à 1969 d'après les plans de Egon Eiermann.

Le ***«Schürmannbau»/L'édifice Schürmann*** (construit par l'architecte Joachim Schürmann), à quelques pas de là, devait, comme le «Langer Eugen» servir aux députés et à l'administration du Bundestag. Le gros œuvre fut fortement endommagé lors de la crue du Rhin en 1993. Depuis 1997/98, il est en voie d'achèvement pour devenir le futur siège de la station de radio «Deutsche Welle».

Dans la ***Villa Hammerschmidt*** ont vécu et travaillé, pendant la durée de leur mandat, les présidents Theodor Heuss, Heinrich Lübke, Gustav Heinemann, Walter Scheel, Karl Carstens, Richard von Weizsäcker et Roman Herzog. Elle reste, après le déménagement pour Berlin, deuxième siège du chef de l'état. La villa, symbole sur cette «Riviera rhénane» de l'Epoque prospère des Fondateurs, a pris le nom de son dernier propriétaire. Elle fut construite dans les années 1863–65.

Le ***Palais Schaumburg***, construit en 1858–60, était, comme la villa voisine du président fédéral, ancien lieu de retraite de citoyens aisés avant de devenir possession du prince Adolf Wilhelm Viktor zu Schaumburg-Lippe et de son épouse, princesse Wilhelmine Viktoria de Prusse, la sœur de l'empereur Guillaume II. Cette dernière épousa en 1927 l'imposteur russe Alexander Zoubkoff, qui dilapida la fortune. Le palais dût être vendu aux enchères publiques le 23 mai 1928 pour devenir par la suite possession du Reich.

Le premier chancelier allemand, Konrad Adenauer, y emménagea en novembre 1949. Il servit de chancellerie (Adenauerallee 139–141, tél. 0228/5 60) jusqu'au déménagement du chancelier Helmut Schmidt dans le bâtiment voisin nouvellement construit, le ***«Neubau»*** (1974–76).

Ce dernier fut construit parce que le chancelier Willy Brandt voulait faire de la capitale provisoire, une «vraie» capitale. Ce bâtiment, structuré en trois grandes barres, avait pour son premier occupant officiel, le «charme d'une caisse d'épargne». Une imposante sculpture de bronze d'Henry Moore orne la place située devant le bâtiment.

Das Atelier des Malers im August-Macke-Haus

The artist's studio in the August Macke Haus

L'atelier du peintre dans la maison August Macke

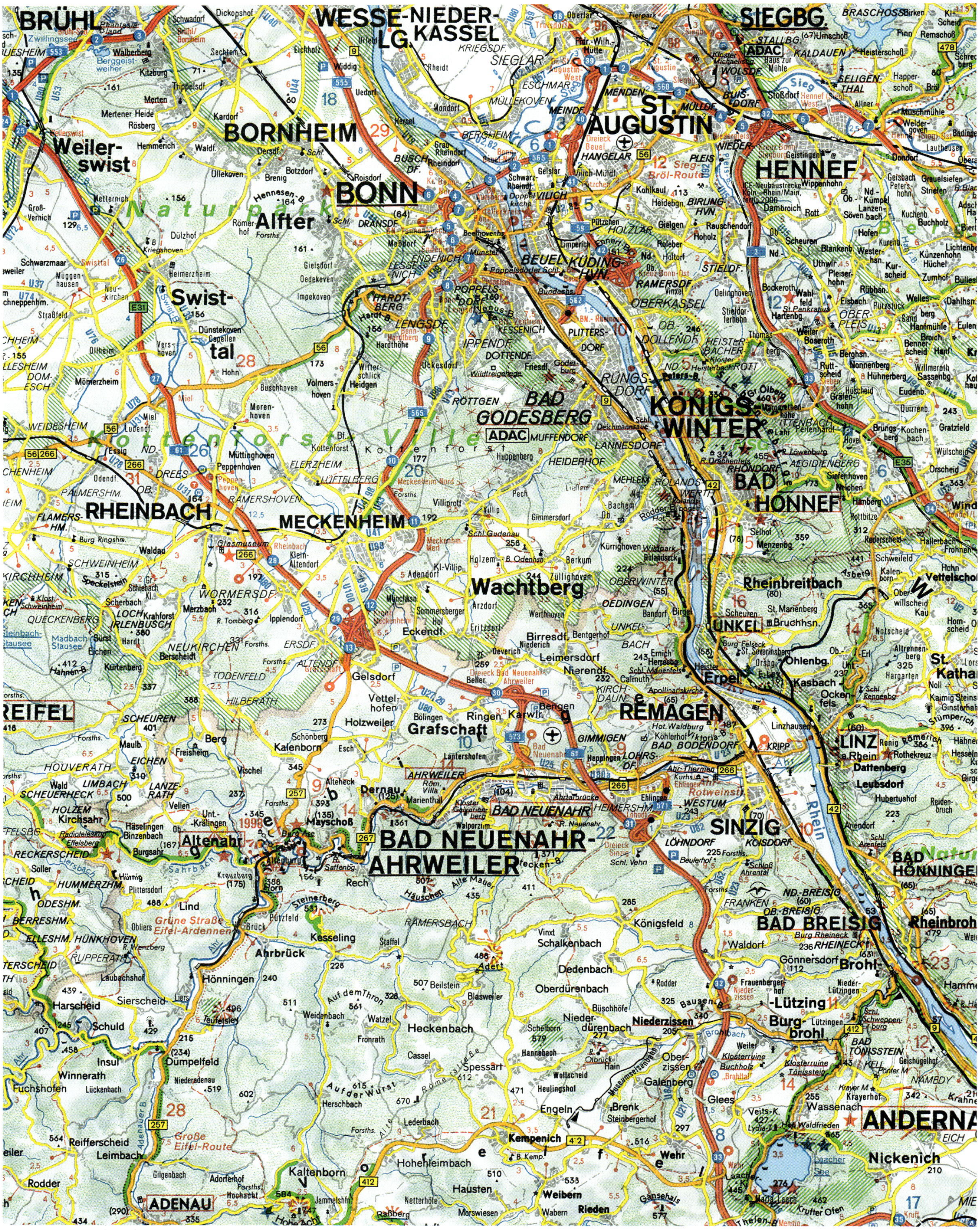
BRÜHL
WESSELING
NIEDERKASSEL
SIEGBG.
BORNHEIM
BONN
ST. AUGUSTIN
HENNEF
Weilerswist
Alfter
Swisttal
BAD GODESBERG
KÖNIGSWINTER
BAD HONNEF
RHEINBACH
MECKENHEIM
Wachtberg
Rheinbreitbach
UNKEL
REIFEL
REMAGEN
Grafschaft
LINZ
Altenahr
BAD NEUENAHR-AHRWEILER
SINZIG
BAD BREISIG
BAD HÖNNINGEN
Niederzissen
Burgbrohl
ANDERNACH
ADENAU
Kempenich
Mayschoß
Dernau
Ahrbrück
Heckenbach
Königsfeld
Nickenich